Ursula Markham

Visualisieren

Edition Roter Löwe

Der rote Löwe verkörpert die belebende, antreibende Energie von Sulfur, einem der Grundelemente im alchimistischen Transmutationsprozeß. Sulfur ist die Kraft, die verändert, veredelt und auf eine höhere Ebene bringt. Ziel dieser Edition ist es, esoterisches Wissen und Erkenntnisse aus der transpersonalen Psychologie verständlich und komprimiert darzustellen und damit ganz persönliche Wandlungsprozesse in Gang zu bringen. Alle Bücher enthalten Übungen und Anleitungen für die praktische Arbeit.

In derselben Reihe:
Alchimie
Die Göttin
Der heilige Gral
Naturmagie
Pendeln
Psychosynthese
Ritualmagie
Sufi-Praxis

Ursula Markham

Visualisieren

Edition Roter Löwe im
AURUM VERLAG · BRAUNSCHWEIG

Die englische Originalausgabe erschien 1989 unter dem
Titel »The Elements of Visualisation« im Verlag Element
Books Ltd., Longmead, Shaftesbury, Dorset.

Ins Deutsche übersetzt von Theo Kierdorf und
Hildegard Höhr.

Gesamtgestaltung: Sabine Schönauer-Kornek.
Umschlagfoto: Jonathan Sharpe / Bavaria Bildagentur

Die Deutsche Bibliothek – CIP-Einheitsaufnahme

Markham, Ursula:
Visualisieren / Ursula Markham. [Aus dem Engl. von
Theo Kierdorf ; Hildegard Höhr]. –
Braunschweig : Aurum-Verl., 1992
(Edition Roter Löwe)
Einheitssacht.: The elements of visualisation <dt.>
ISBN 3-591-08327-5

1992
ISBN 3-591-08327-5
© 1989 Ursula Markham
© der deutschen Ausgabe
1992 Aurum Verlag GmbH, Braunschweig
Alle Rechte vorbehalten.
Gesamtherstellung:
Chemnitzer Verlag und Druck GmbH, Zwickau

INHALT

Es gibt nur einen Ort im gesamten Universum, den du mit Sicherheit verbessern kannst, und das bist du selbst.

Aldous Huxley

Gewidmet dem Gedenken an
Steven Lawrence,
der ein ganz besonderer Freund war

Sie sitzen im Halbdunkel. Die Vorhänge, die die riesige Leinwand verdecken, öffnen sich. Sie sitzen schweigend da und warten darauf, daß der Film beginnt...

Doch dies ist kein gewöhnlicher Film. Bei dieser Produktion sind Sie selbst gleichzeitig Drehbuchautor, Regisseur und Hauptdarsteller. Sie allein entscheiden über den Handlungsverlauf. Sie kreieren die Dialoge und werden sie auch sprechen und in der Geschichte agieren. Und wenn Sie an irgendeiner Stelle nicht zufrieden sind, können Sie den Film nach Belieben abändern, denn Sie allein entscheiden über alle Einzelheiten des Projekts. Letztlich sind Sie also verantwortlich für die Wirkung dieses Films – ganz gleich, ob das Endprodukt bei Ihnen Traurigkeit oder Freude, Wut oder Zufriedenheit hervorrufen wird.

Was ist das für ein wunderbarer Film, und wer hat Ihnen diese traumhafte Chance gegeben? Der Film ist die Geschichte Ihres Lebens, und Sie haben wesentlich mehr Einfluß auf den Verlauf Ihres Lebens, als Sie vielleicht bisher angenommen haben. Sie können mit der Macht Ihres Geistes das von Ihnen gewählte Szenario kreieren und die meisten, wenn nicht alle Situationen Ihres Lebens zu einem für Sie befriedigenden Abschluß bringen.

Ich möchte Ihnen ein Beispiel von einer Frau erzählen, die genau das getan hat, worüber ich soeben gesprochen habe. Indem sie das Drehbuch umschrieb, gelang es ihr, den Lauf ihres Lebens sehr zum Positiven hin zu verändern.

Kati war ihr ganzes Leben lang schüchtern gewesen. Sie war das einzige Kind von etwas ältlichen und übervorsichtigen Eltern. Man hatte sie dazu erzogen, sich »ruhig« zu verhalten und sich »gut« zu benehmen. Sie war hübsch und intelligent, hatte aber nie viele Freunde gehabt. Ihre Mutter, eine ruhige, elegante Frau, die schon fast vierzig Jahre alt gewesen war, als Kati geboren wurde, konnte sich nicht recht mit dem Gedanken anfreunden, das Haus voller lärmender Kinder zu haben. Deshalb gewöhnte sich Kati schon früh daran, den größten Teil ihrer Zeit in Gesellschaft von Erwachsenen statt von gleichaltrigen Kindern zu verbringen.

Als Kati ins Teenager-Alter gekommen war, merkte sie, daß sie nicht in der Lage war, sich an dem Spaß, den die Gleichaltrigen in ihrer Umgebung hatten, zu beteiligen. Ihr war damals natürlich noch nicht klar, daß das mit ihrer Erziehung zusammenhing. Sie hatte ganz einfach das Gefühl, irgend etwas sei mit ihr nicht in Ordnung, und sie sei irgendwie »anders« als all die anderen. Dies hatte zur Folge, daß sie sich noch mehr in ihr Schneckenhaus zurückzog. Sie suchte noch stärker Kontakt zu ihren Eltern und deren Freunden, statt ein eigenes Leben aufzubauen.

Kati wuchs zu einer liebenswürdigen, wenn auch etwas reservierten jungen Frau heran. Sie fand eine Anstellung in einer großen Firma, und obwohl die anderen jungen Mädchen in ihrem Büro sie immer wieder zu überreden versuchten, mit ihnen zusammen etwas zu unternehmen, erfüllte sie schon allein der Gedanke daran, mit so vielen Menschen zusammen zu sein, mit Angst und Schrecken. Ihr war es lieber, zu Hause ihre Ruhe zu haben und zu lesen oder ihrer Mutter im Garten zu helfen. Allerdings war sie keineswegs glücklich über ihre Situation. Ihr war klar, daß »irgend etwas in ihrem Leben fehlte«. Obwohl sie den Gedanken an das Zusammensein mit Gleichaltrigen nicht ertragen konnte, war sich ihr innerer, fühlender Teil dessen bewußt, daß sie schrecklich einsam war, daß sie sich nach Freunden sehnte und danach, ungezwungen mit anderen Menschen reden zu können. Kati hatte das Gefühl, alle anderen Menschen auf der Welt seien dazu in der Lage, und nur sie selbst sei mit ihrer Zurückgezogenheit allein.

Eines Tages suchte Kati mich in meiner Praxis auf und bat mich um Hilfe. Die Tatsache, daß es ihr gelungen war, ihre Gefühle in Worte zu fassen, war ein Hinweis darauf, daß sie nun allmählich an den Punkt gekommen war, etwas an ihrer Situation verändern zu können. Häufig gestehen einsame Menschen nicht einmal sich selbst, geschweige denn anderen ein, wie sie sich fühlen. Und wenn man die eigene Situation nicht »beim Namen nennen« kann, kann man auch nichts tun, um sie zu verbessern.

Ich brachte Kati die Visualisationstechniken bei, die Sie weiter hinten in diesem Buch finden, und sie war eine intelligente und eifrige Schülerin. Dann bat ich sie, mir etwas zu nennen, was sie gerne können würde, wovon sie aber das Gefühl habe, es übersteige ihre Möglichkeiten. Ich bat sie, mit etwas relativ Kleinem und Unwichtigem zu beginnen, denn wenn sie beispielsweise gleich versucht hätte sich vorzustellen, sie würde einen Raum betreten, in dem sich hundert Menschen befänden, hätte sie das viel zu sehr eingeschüchtert.

Kati sagte, in ihrem Büro gebe es eine junge Frau, die auch sehr still sei, sie jedoch häufig anlächele und immer wieder versuche, ein Gespräch mit ihr anzuknüpfen. Sie hatte das Gefühl, sie würde mit dieser Frau, die Donna hieß, gut auskommen können, und sie hatte sich schon oft gewünscht, sie könnte sich dazu überwinden, mit ihr zu reden oder sie zu bitten, eine Tasse Kaffee mit ihr zu trinken. Doch aus lauter Angst vor einer Zurückweisung hatte sie nie den Mut gehabt, sie anzusprechen.

Ich fragte Kati, ob sie glaube, sie könne visualisieren, wie sie im Büro auf Donna zuginge und ihr vorschlüge, nach der Arbeit gemeinsam mit ihr einen Kaffee trinken zu gehen. Kati sagte, sie wolle es versuchen, obgleich sie ein wenig besorgt darüber war, ob Donna wohl einwilligen würde. Ich erinnerte sie daran, daß Sie selbst das Drehbuch für diese Szene schriebe und daß sie über den Verlauf der Geschichte entscheide. Dann bat ich sie, sich das gesamte Gespräch von Anfang bis Ende vorzustellen – und dafür zu sorgen, daß es zu einem erfolgreichen Abschluß käme. Ich empfahl ihr, diese Visualisation mehrere Tage lang zu wiederholen und sich erst dann in der Realität an Donna zu wenden. Auf diese Weise wollte ich erreichen, daß sie sich zunächst mit dem visualisierten Bild wohlfühlte, um dann auch in der realen Situation Selbstvertrauen und Selbstsicherheit entwickeln zu können.

Als Kati das nächste Mal zu mir kam, erzählte sie mir, sie habe tatsächlich mit Donna gesprochen, und sie habe schon zweimal etwas mit ihr zusammen unternommen. Sie hatten festgestellt, daß sie vieles miteinander gemeinsam hatten, und sie hatten vor, in nächster Zeit einmal zusammen ins Theater zu gehen.

Diese Freundschaft öffnete Kati eine Tür in eine völlig neue Welt. Sobald sie entdeckt hatte, daß sie in der Lage war, sich einem anderen Menschen zu nähern, ohne zwangsläufig zurückgewiesen zu werden, fand Kati mit der Zeit noch mehr Freunde. Im Mittelpunkt einer großen Gesellschaft würde sie wahrscheinlich nie stehen, aber das wollte sie auch gar nicht. Sie wollte die lange Zeit der Einsamkeit beenden, in der sie so viele Jahre lang gefangen gewesen war, und sie wollte sich selbst beweisen, daß sie in der Lage war, Freunde zu finden.

Denken Sie nun einmal darüber nach, was Kati getan hat. Sie benutzte ihr wirksamstes Werkzeug, ihre Imagination, und visualisierte ihre Situation so, wie sie sie gerne gehabt hätte. Wenn wir dies in den Fachbegriffen unseres alten Vergleichs mit einer Filmproduktion ausdrücken, so bedeutet dies: Sie schrieb ein Skript, legte den Handlungsverlauf fest und spielte die Hauptrolle – sie kreierte also den gesamten Film komplett selbst. Und indem sie die positive Entwicklung der realen Situation visualisierte, gelang es ihr, eben diese positive Entwicklung tatsächlich herbeizuführen. Sie hatte genau das getan, was jeder Schauspieler tun muß: Sie hatte ihre Rolle immer wieder geprobt, bis sie sie völlig beherrschte. Im Gegensatz zu einem Schauspieler hatte sie dies jedoch im Geiste, nicht in der Realität getan.

Was hat dieses Üben in Katis Fall bewirkt? Wieso kann man durch mentales Üben einer Szene oder eines Ereignisses ein gewünschtes Ergebnis erzielen?

Wie Kati sind wir alle unser ganzes Leben lang »programmiert« worden. Manchmal sind unsere Ängste und Selbstzweifel durch bestimmte Situationen entstanden, manchmal auch durch das Verhalten anderer Menschen. Das muß nicht unbedingt bedeuten, daß andere uns schlecht behandelt haben oder daß irgend jemand absichtlich versucht hat, uns etwas Böses anzutun. Katis Eltern liebten ihre Tochter sehr, doch durch ihre Art der Erziehung hatten sie sie in eine sehr schwierige Situation gebracht. Natürlich hatten sie geglaubt, auf diese Weise das Bestmögliche für sie zu tun und sie vor der rauheren und weniger schönen Seite des Lebens zu schützen. Doch genau dadurch entstand ein Problem, das im Laufe der Zeit immer größer wurde. Kati war es völlig fremd, mit Gleichaltrigen Umgang zu pflegen. Sie wußte nicht, wie sie zu ihnen hätte Kontakt aufnehmen können, und stellte sich deshalb äußerst ungeschickt bei solchen Versuchen an. Und weil sie so »anders« war und so merkwürdige Verhaltensweisen an den Tag legte, brachten die Gleichaltrigen in ihrer Umgebung ihr auch keine echte Wärme oder Zuneigung entgegen. Dies wiederum verstärkte bei ihr das Gefühl, »anders« zu sein, die Art von Person zu sein, mit der niemand etwas zu tun haben will, was ihr die Kontaktaufnahme noch schwerer machte.

Obgleich Kati damals wahrscheinlich nicht bewußt Szenen in ihrem Geist visualisierte, war es genau dies, was sie tat. Jedesmal, wenn sie sich dazu durchrang, zu jemandem Kontakt aufzunehmen – vielleicht nur, um sich mit dem oder der Betreffenden ein wenig zu unterhalten –, erwartete sie unbewußt, zu versagen oder zurückgewiesen zu werden, so wie es ihr bisher immer ergangen war. Und natürlich verstärkte die erneute Zurückweisung ihre eigene schlechte Meinung über sich selbst und darüber, was andere Menschen von ihr hielten. Als Kati gelernt hatte, einen gewünschten positiven Ausgang zu visualisieren, wurde dieser Teufelskreis durchbrochen. Sie war nun in der Lage, sich eine Situation so vorzustellen, daß ein Versuch von ihr, ein Gespräch mit jemandem anzufangen, nicht die erwartete Zurückweisung nach sich zog.

Ich möchte keineswegs den Anschein erwecken, als wären in Katis Fall sozusagen über Nacht irgendwelche Wunder geschehen. Da das Problem über einen langen Zeitraum entstanden war, war kaum zu erwarten, daß es sich über Nacht wieder auflösen würde. Es ist allein Katis Ausdauer zuzuschreiben, daß sie die Visualisationsübung, die ich ihr empfohlen hatte, so lange fortsetzte, bis sie in der Lage war, sich der visualisierten Situation auch in der Realität zu stellen. Es ist gar nicht so einfach, eine negative Einstellung in eine positive umzuwandeln, aber es ist möglich – und Sie können dies ebenso wie jeder andere Mensch.

Auch Sie können auf viele verschiedene Weisen visualisieren, daß sich Ihr Leben verändert. Im Laufe dieses Buchs werden Sie lernen, wie Sie Ihre Gesundheit, Ihre Selbst-Kenntnis, Ihr Selbstvertrauen, Ihre Beziehungen und vieles, vieles mehr verbessern können. Dazu müssen Sie jedoch zuerst einmal Ihre wundervolle Imaginationsfähigkeit richtig kennenlernen – wie sie funktioniert und wie Sie sie am besten für sich nutzen können.

Was ist Imagination?

Ihre Imagination ist etwas, womit Sie geboren sind – und natürlich bezieht sich Imagination nicht ausschließlich auf das innere Sehen. Obgleich wir uns in diesem Buch hauptsächlich mit den visuellen und emotionalen Komponenten der Imagination beschäftigen werden, umfaßt die Imagination tatsächlich alle Sinne. Schauen Sie sich die folgende Liste an, und beobachten Sie, wie Ihre Imagination darauf reagiert:

Gras wird geschnitten: Vielleicht hören Sie innerlich das Geräusch des Rasenmähers; wahrscheinlich ist jedoch, daß Sie sich den *Geruch* von frisch geschnittenem Gras vorstellen.

Frisch gebackenes Brot: Vielleicht sehen Sie vor Ihrem inneren Auge ein köstliches, goldbraun gebackenes Brot, frisch aus dem Backofen. Wenn Sie jedoch schon einmal selbst Brot gebacken haben oder wenn Sie jemals dabei waren, als ein frisch gebackenes Brot aus dem Backofen genommen wurde, werden Sie sich vermutlich an den *Geruch* des frischen Brots erinnern.

Kirchenglocken läuten: In diesem Fall benutzen Sie den auditiven Teil Ihrer Imaginations- oder Vorstellungsfähigkeit und *hören* das Läuten der Glocken.

Ein Baby schreit: Es kann durchaus sein, daß Sie ein kleines, rot angelaufenes Gesicht vor sich sehen, aber das *Geräusch* wird in jedem Fall bei diesem inneren Bild die wichtigste Rolle spielen.

Mousse au chocolat oder Essig: Vielleicht werden Sie darüber nachdenken, wie diese beiden Dinge aussehen, aber ich bin mir ziemlich sicher, daß Sie vor allem die Konsistenz auf der Zunge spüren und den *Geschmack* mental »schmecken« werden. Machen Sie einmal das folgende kleine Experiment: Sagen Sie zu jemandem das Wort »Essig«, und beobachten Sie den Gesichtsausdruck Ihres Gegenübers. Selbst wenn der Betreffende den Geschmack von Essig sehr schätzt, wird er sein Gesicht verziehen, als würde er den sauren Geschmack tatsächlich schmecken.

An einem sonnigen Strand liegen: Natürlich wird Ihnen das Bild eines herrlichen Sommertages an einem Sandstrand vor Augen stehen, aber außerdem werden Sie sich auch das *Gefühl* der Hitze auf Ihrer Haut vorstellen.

Durch einen Schneesturm gehen: Zusätzlich zum visuellen Bild werden Sie die *Empfindung der Kälte und des Frierens* haben, und wahrscheinlich wird diese Empfindung das dominierende Element Ihrer Vorstellung sein.

Eine glückliche oder traurige Situation, die Sie tatsächlich erlebt haben: In diesem Fall spielt vermutlich die *Emotion* in der imaginierten Szene die wichtigste Rolle. Die Kinder-Schauspielerin Margaret O'Brien, die für ihre Fähigkeit bekannt war, auf Kommando weinen zu können, behauptete, sie könne sich so intensiv an einen traurigen Vorfall erinnern, daß sie jederzeit deswegen in Tränen ausbrechen könne.

Alle Sinne spielen bei der Imagination ein wichtige Rolle, doch wir werden uns in diesem Buch hauptsächlich mit dem visuellen und emotionalen Aspekt beschäftigen, da dies die wichtigsten Aspekte sind, wenn Sie die Imagination für Ihre Ziele einsetzen wollen.
    Viele Menschen behaupten, sie hätten keine gute visuelle Vorstellung – sie seien nicht in der Lage, vor ihrem inneren

Auge »Bilder zu sehen«. Doch ist es eine erwiesene Tatsache, daß nur Menschen, die das Unglück hatten, blind geboren zu werden, keine Bilder im Geist sehen können. Selbst Menschen, die relativ früh ihr Augenlicht verloren haben, können visuelle Bilder kreieren. Traurig ist jedoch, daß so viele Menschen diese Fähigkeit durch Mangel an Übung verlieren. Wenn ein Athlet nicht regelmäßig trainiert, werden seine Muskeln schwächer und seine Leistungsfähigkeit läßt nach. Fragen Sie jemanden, der längere Zeit im Krankenhaus gelegen hat, wie seine Beine sich angefühlt hätten, als er wieder aufstehen und gehen durfte. Meist ist die Beinmuskulatur dadurch so sehr geschwächt, daß der Genesende zunächst kaum stehen kann, ganz zu schweigen vom Gehen.

Mit Ihrer Imagination verhält es sich genauso wie mit den Muskeln Ihres Körpers. Wenn Sie sie nicht regelmäßig benutzen, wird sie schwach und kraftlos. Wollen Sie sie dann plötzlich einsetzen, so werden Sie große Schwierigkeiten damit haben. Doch ebenso wie jeden Muskel Ihres Körpers können Sie auch Ihre Imaginationsfähigkeit stärken, zunächst durch spezielle Übungen und später durch regelmäßigen Gebrauch. In Kapitel 3 werden ein paar einfache Übungen beschrieben, die jeweils nur ein paar Minuten Zeit erfordern. Wenn Sie diese regelmäßig üben, können Sie dadurch Ihre kostbare visuelle Vorstellungsgabe zu neuem Leben erwecken und nutzen.

Es gibt zwei Arten von Menschen, von denen allgemein gesagt wird, sie hätten eine besonders fruchtbare und lebhafte Phantasie oder Vorstellungskraft – Künstler und Kinder.

Jeder Künstler, ganz gleich, ob es sich um einen Schriftsteller, einen Bildhauer, einen Dichter oder um einen Menschen mit einer anderen Art von hochentwickelter Kreativität handelt, muß seine Imagination benutzen, wenn er kreativ sein will. Jedes Bild, das jemals gemalt wurde, hat der Maler zuerst mit seinem inneren Auge erschaut; jedes jemals komponierte Musikstück hat der Komponist zuerst mit seinem inneren Ohr gehört; jede aus einem Stück harten, kalten Steins geschaffene Statue hat der Bildhauer, der sie geschaffen hat, zunächst visualisiert. All diese Menschen sowie Kreative und Designer aller Art verfügen über eine hochentwickelte visuelle Vorstellungskraft, und sie erhalten sich diese Gabe und verbessern sie durch häufigen und regelmäßigen Gebrauch.

Und wie steht es mit den Kindern? Zeigen Sie einem kleinen Kind ein Bild, und bitten Sie es, eine Geschichte darüber zu erfinden, so wird Ihnen augenblicklich klar werden, was für eine blühende Phantasie dieses Kind hat. Da wir aber heute in einer Zeit leben, in der dem Leistungsdenken und der schulischen, formellen Erziehung soviel Wert beigemessen wird, wird die Phantasie häufig durch Einschränkung ihres Gebrauchs schon in sehr frühem Alter eingeschläfert. »Träum' nicht am hellichten Tage!« – »Konzentriere dich auf das, was du tust!« – »Benutze deinen gesunden Menschenverstand!« Sätze wie diese hören unsere Kinder in der Schule ständig. Natürlich sollten wir auch unser logisches Denkvermögen und unsere Fähigkeit, unsere eigene Leistungsfähigkeit mit der anderer zu messen, entwickeln, aber wir sollten dies nicht übertreiben und die Anwendung dieser Fähigkeiten auf Situationen beschränken, in denen dies wirklich notwendig ist. Doch wie gut wäre es, wenn alle Schulen es so machen könnten, wie es in einigen wenigen, besonders klarsichtigen und wahrhaft fortschrittlichen mittlerweile üblich ist: Sie ermutigen die Kinder dazu, sich ihr Vorstellungsvermögen, ihre Visualisationskraft und ihre Kreativität zu erhalten.

Ein Kind kann sich schon etwas vorstellen, bevor es denken kann. Es wird mit einer natürlichen, lebhaften und fruchtbaren Phantasie *geboren*, wohingegen es erst *lernen* muß, Logik und Verstand zu benutzen. Und obgleich sowohl die Phantasie als auch der Verstand wichtige Funktionen in unserem Leben erfüllen, gehen durch die Schulung und Entwicklung des Verstandes nur zu oft die Kräfte der Phantasie und der Imagination verloren. Und je älter wir werden und je mehr wir uns in der Welt des Leistungsdenkens bewegen, um so weniger von jener anderen Welt bleibt uns.

Das menschliche Gehirn besteht aus zwei weitgehend getrennten Teilen – der linken und der rechten Gehirnhälfte. Diese beiden Hälften oder Hemisphären sind für völlig unterschiedliche Aspekte unseres Seins und unserer Art zu denken zuständig. Die beiden folgenden Listen basieren auf dem, was Robert E. Ornstein in seinem Buch *Die Psychologie des Bewußtseins* beschrieben hat. Sie sollen Ihnen vor Augen führen, zu welchen Zwecken wir die beiden Hälften unseres Gehirns benutzen.

Die linke Gehirnhälfte

- Sie ist mit der rechten Körperseite und der rechten Seite des Blickfeldes beider Augen verbunden.
- Sie beschäftigt sich mit Inputs (eingespeisten Informationen) in sequentieller Folge, also nacheinander.
- Sie verarbeitet Informationen linear. Ihre Arbeitsweise ist also linear und sequentiell.
- Sie beherbergt den Zeitsinn. Sie ist verantwortlich für die Fähigkeit des verbalen Ausdrucks oder für das Sprechvermögen.
- Sie umfaßt verbale und mathematische Funktionen.
- Sie ist spezialisiert auf die Gedächtnisfunktion und auf das Erkennen von Wörtern oder Zahlen.
- Normalerweise spezialisiert sie sich auf logische und analytische Schlußfolgerungen oder Gedanken.

19

- Sie ist der Sitz des Verstandes.
- Diese Gehirnhälfte ist die wichtigere für Schriftsteller, Mathematiker und Wissenschaftler.

Die rechte Gehirnhälfte

- Sie ist mit der linken Seite des Körpers und mit der linken Seite des Sehfeldes beider Augen verbunden.
- Sie ermöglicht die schnelle Integration vieler Inputs (Informationen) gleichzeitig.
- Ihre Art der Informationsverarbeitung ist diffuser. Sie verarbeitet nicht-linear und simultan.
- Ihr Reich ist der Raum. Sie ist verantwortlich für Gesten, Gesichts- und Körperbewegungen (oder für die sogenannte »Körpersprache«), für den stimmlichen Ausdruck usw.
- Sie steuert die Funktionen des Räumlichen und der Herstellung von Bezügen; sie ist zuständig für unser Körperbewußtsein, für Sport und Tanzen, für die Orientierung im Raum, für das Wiedererkennen von Gesichtern, für künstlerische Aktivitäten, für musikalische Begabung und für das Erkennen von Tonhöhen.
- Sie ist spezialisiert auf Erinnerung an Objekte, Personen und Orte, Musikstücke usw. und darauf, diese wiederzuerkennen.
- Normalerweise spezialisiert sie sich auf Intuition, holistische Wahrnehmung oder holistisches Denken.
- Dies ist der Sitz der Leidenschaft und der Träume.
- Diese Hemisphäre ist die entscheidende für Künstler, Handwerker und Musiker.

Diese Aufzählung ist in vereinfachter Form im nachstehenden Diagramm zusammengefaßt, welches Ihnen noch klarer vor Augen führen soll, daß unsere gesamte Erziehung uns dazu drängt, eine dieser beiden Gehirnhälften bevorzugt zu benutzen.

Beim Durchlesen der Liste werden Sie feststellen, daß die rechte Seite unseres Gehirns diejenige ist, die zu wenig benutzt wird, da wir ständig dazu angehalten werden, uns auf die Funktionen der linken Hemisphäre zu konzentrieren. Doch gerade der richtige Gebrauch der rechten Hemisphäre und die Entwicklung der darin schlummernden Potentiale ermöglicht es uns, unser Leben und unsere Art des Umgangs mit Problemen zu verändern.

LINKS	RECHTS
Logik	Emotionen
Analyse	Kreativität
Verstand	Gefühl für Rhythmus
schulisches Lernen	Imagination
Sprache	Intuition
Planen	Träumen
Gedächtnis	Sensibilität

Wenn wir uns auf den Gebrauch der linken Gehirnhälfte konzentrieren, nutzen wir nur die Hälfte unseres Potentials. Stellen Sie sich einmal vor, wie Ihr Körper aussehen würde, wenn Sie nur die Muskeln einer Körperseite entwickelt hätten – Sie würden humpeln und hätten nur in einem Arm Kraft. Indem wir nur eine Seite unseres Gehirns benutzen – ganz gleich, welche –, bringen wir uns mental und emotional in einen Zustand des Ungleichgewichts. Doch die andere Seite unseres Gehirns ist ständig da; sie wartet nur darauf, daß wir sie wiederentdecken und es ihr ermöglichen, ihre Funktion wieder voll zu erfüllen. Sobald dies geschehen ist, können wir das gesamte Potential unseres Geistes wiederentdecken. Viele berühmte und kreative Menschen haben die Vorzüge einer Tätigkeit des Geistes gepriesen, die über das lineare oder diskursive

Denken hinausgeht. Von Tschaikowsky bis Jung, von Einstein bis Mozart haben alle Genies gesagt, in ihre kreativsten Augenblicken hätten sie nicht bewußt über ihre Arbeit nachgedacht.

Natürlich kann Visualisation ebenso negativ wie positiv wirken, und viele Menschen fügen sich selbst unermeßlichen Schaden zu, indem sie zulassen, daß negative Visualisation zu einem festen Bestandteil ihres Lebens wird. Denken Sie beispielsweise an Menschen, die von sich sagen: »Ich bin so ungeschickt, ich lasse ständig Dinge fallen« oder an solche, die behaupten: »Ich hinterlasse bei Vorstellungsgesprächen immer einen denkbar schlechten Eindruck.« Beides sind Beispiele für negative Visualisationen. Die Betreffenden haben sich selbst über viele Jahre so programmiert, daß sie gar nicht anders können, als zu versagen. Wenn jemand der festen Überzeugung ist, er sei nun einmal ungeschickt, so wird er angespannt und ängstlich, wenn er einen kostbaren Gegenstand trägt. Dadurch wird die Wahrscheinlichkeit, daß er das teure Stück fallen läßt, tatsächlich ziemlich groß. Wenn jemand davon überzeugt ist, daß er sich bei wichtigen Vorstellungsgesprächen immer ungeschickt anstellt, nimmt er sein Versagen vorweg. Dies hat mit Sicherheit zur Folge, daß er keinen besonders günstigen Eindruck hinterläßt. Wird der Betreffende dann tatsächlich nicht angenommen, so verstärkt das seine ohnehin schon schlechte Meinung über sich selbst.

Ein alter Song, den Stanley Holloway berühmt gemacht hat, trägt den Titel »My word, you do look queer« – »Du siehst aber schlecht aus!«. Darin geht es um einen Mann, der eines Tages loszieht und sich gut fühlt. Doch alle, die ihm begegnen, sagen ihm, er sähe sehr krank aus. Im Laufe des Tages fühlt er sich tatsächlich immer schlechter, da die vielen negativen Kommentare sein Bewußtsein geradezu überschwemmen und es in Beschlag nehmen. Erst als er einen Freund trifft, der ihm Komplimente wegen seines gesunden Aussehens macht, fühlt er sich wieder so wohl und frohgemut wie am Morgen.

Dieses Lied war ursprünglich eher humoristisch gemeint, doch es enthält eine wesentlich tiefere Wahrheit, als es auf den ersten Blick erscheinen mag. Wir alle werden durch die Gedanken und Meinungen anderer wie auch durch unsere eigenen Gedanken und Meinungen beeinflußt. Denken Sie nur an Kinder, denen ungeduldige Eltern oder Lehrer gesagt haben: »Du wirst *nie* gut in Mathematik (oder Chemie oder Geographie) sein« oder, was noch schlimmer ist: »Du bist dumm!«

Gina war 32 Jahre alt, als ich sie kennenlernte. In ihrer Familie hatte man großen Wert auf Bildung gelegt, und Gina war eine gute Schülerin gewesen. Außerdem hatte sie eine erstaunliche musikalische Begabung entwickelt. Mit 22 Jahren hatte sie einen zehn Jahre älteren Mann geheiratet, einen Akademiker, der etwas chauvinistisch veranlagt war. Er hatte wenig Geduld mit Menschen, die er für intellektuell unterlegen hielt. So hatte er auch Gina jahrelang eingetrichtert, sie sei dumm. Obgleich Gina sich keineswegs für eine brillante Akademikerin hielt, wußte sie genau, daß sie nicht dumm war. Doch als sie mich zum erstenmal in meiner Praxis aufsuchte, hatte sie jegliches Vertrauen in sich selbst und in ihre eigenen Fähigkeiten verloren. Sobald ihr jedoch klar wurde, was geschehen war und wie sehr ihr Selbstbild durch jene ständig wiederholten Vorhaltungen gelitten hatte, revidierte sie in kürzester Zeit ihre Meinung über sich selbst und sah der Zukunft wieder positiv entgegen.

Es ist erstaunlich, wie viele Menschen in ihrer Kindheit dazu erzogen werden, vom Leben nichts Gutes zu erwarten, oder sogar dazu, Schuldgefühle zu entwickeln, falls sie sich einmal glücklich fühlen sollten. Das kann so weit gehen, daß sie beim Auftauchen des geringsten Anzeichens von etwas, das über die pure Lebenserhaltung hinausgeht, umgehend dafür sorgen, daß sie sich nicht glücklich fühlen *können*. Wir alle haben irgendwann schon einmal Menschen kennengelernt, die geradezu darauf erpicht zu sein scheinen, sich selbst das Leben möglichst schwer zu machen. Ein Beispiel hierfür ist die Frau, die immer wieder neue Beziehungen zu den denkbar ungeeignetsten Männern eingeht, obwohl sie weiß, daß es jedesmal wieder mit einem Desaster enden wird; sie scheint dies geradezu herbeizubeschwören, um so ihr Bild von sich selbst zu bestärken, daß sie nicht liebenswert ist und kein Recht darauf hat, in einer liebevollen Beziehung glücklich zu leben. Oder der Mann, der eine außereheliche Beziehung nach der anderen hat und der nur zu gut weiß, daß dies, falls es ans Tageslicht käme (wofür solche Männer übrigens oft geradezu selbst sorgen!), der Anfang vom Ende seiner Ehe wäre. Jener erwähnten Frau ebenso wie jenem Mann hat man in der Kindheit eine so große Angst vor Glück anerzogen, und beide sind so sehr davon überzeugt, daß sie es nicht verdienen, in ihrem Leben glücklich zu sein, daß sie durch ihr eigenes Verhalten das Glück von sich fernhalten.

Wir alle müssen die Verantwortung für unser Leben übernehmen und bereit sein, uns zu verändern. Selbst wenn Sie das Gefühl haben, andere trügen die Schuld an Ihrer negativen Einstellung, müssen Sie davon überzeugt sein, daß Sie sich verändern wollen, daß Sie die Fähigkeit dazu haben und daß Sie bereit sind, dafür zu arbeiten.

Doch wenn die Möglichkeit, den Verlauf des Lebens durch positive Visualisation zu verändern, schon seit so langer Zeit existiert, warum ignorieren dann die meisten Menschen diese Möglichkeit? Der Grund ist, daß wir alle so besessen sind von der Logik, vom Planen und vom diskursiven Denken, daß wir der Imagination und Phantasie in unserem Leben nur wenig Raum geben. Nun besteht ein großer Teil des Denkens aus trivialen und unwichtigen Gedanken. Testen Sie sich einmal selbst:

Schließen Sie die Augen, und versuchen Sie, Ihren Geist leer zu machen. Stellen Sie sich nichts als Farbe vor – eine Farbe Ihrer Wahl. Wenn Sie nicht seit langer Zeit meditieren und diese Kunst sehr weit entwickelt haben, werden Sie feststellen, daß es praktisch unmöglich ist, den Geist völlig leer zu machen, und daß stattdessen eine wahre Flut von Gedanken Ihren Geist bestürmt. Versuchen Sie nicht, dies abzuändern; lassen Sie die Gedanken in den Geist eindringen, registrieren Sie sie, und lassen Sie sie wieder davonziehen.

Wenn Sie diese Übung ausprobieren, werden Sie vermutlich staunen, wie trivial die Gedanken sind, die Ihren Geist erfüllen. Daß sich darunter Gedanken befinden, die den Lauf der Welt verändern könnten oder die lang gesuchte Lösungen beinhalten, ist äußerst unwahrscheinlich. Meist drehen sich die Gedanken um banale und relativ unwichtige Angelegenheiten. Sie könnten die Zeit wesentlich besser nutzen, indem Sie sich selbst und Ihr Leben so visualisieren, wie Sie es sich wünschen, oder indem Sie ganz einfach Ihren Tagträumen nachhängen, ohne an etwas Bestimmtes zu denken.

Wer kann diese Fähigkeit der Visualisation am besten nutzen? Die Antwort lautet ganz einfach – SIE! Ich habe den Leiter eines großen Unternehmens kennengelernt, der ständig sowohl privat als auch zusammen mit seinen Mitarbeitern Visualisation zugunsten der Erweiterung seines Unternehmens einsetzt. Ich habe mit Sportlern aller Art gearbeitet, die zweifelsfrei bewiesen haben, daß jeder Mensch, welchen Sport er auch treiben mag, seine Fähigkeiten durch Visualisation optimal nutzen und dadurch häufig sogar bessere Leistungen vollbringen kann, als er selbst es je für möglich gehalten hätte. – Natürlich kann Visualisation niemals das körperliche Training und die sportliche Begabung ersetzen. – Ich kenne eine Frau, die über 25 Kilo abnahm, weil sie es mit Hilfe von Visualisation schaffte, ein Diätprogramm durchzuhalten und dabei nicht das geringste Gefühl hatte, sich einschränken zu müssen, ein Gefühl, das normalerweise bei jeder strikten Diät aufkommt. Ich habe mit Krebskranken gearbeitet, mit Menschen, die an Multipler Sklerose, Leukämie und vielen anderen Krankheiten litten, deren Gesundheitszustand und Befinden sich erheblich besserte, als sie anfingen, Verantwortung für ihre Situation zu übernehmen. Mit Hilfe ihrer Imagination gelang es vielen von ihnen, ihren eigenen Zustand zu verbessern, und in manchen Fällen kam es sogar zu einer vollständigen Heilung.

Welches Problem Sie also auch haben mögen und ganz gleich, was Sie für die Ursache desselben halten, Sie können mit Hilfe Ihrer eigenen Imagination eine Veränderung zustande bringen, die Sie bisher nicht für möglich gehalten haben. Übernehmen Sie die Verantwortung für Ihre eigene Zukunft, schreiben Sie selbst Ihr Drehbuch, setzen Sie sich auf den Regiestuhl, schminken Sie sich für Ihren Auftritt – es ist Zeit anzufangen!

SCHLAFEN SIE DARÜBER – DER WERT VON TRÄUMEN

Jeder Mensch kann träumen, und tatsächlich träumt auch jeder. Diejenigen, die darauf beharren, daß sie nie träumen, träumen in Wirklichkeit ebenso häufig wie wir alle, auch wenn sie sich nicht daran erinnern können. Selbst diejenigen unter uns, die sich ihrer Träume Nacht für Nacht ziemlich bewußt sind, erinnern sich meist nicht an die Details ihrer Träume, sondern nur an ein vages Durcheinander scheinbar zusammenhangloser Eindrücke. Träume sind nicht rein visuell – wir träumen mit allen unseren Sinnen, nehmen also beim Träumen Geräusche, Berührungen, Gerüche und Geschmäcke wahr. Diejenigen, die blind geboren sind, träumen mit vier Sinnen statt mit fünf.

Eines der ältesten Schriftdokumente der Welt ist das *Ägyptische Traumbuch*. Es ist ungefähr 5000 Jahre alt. Man wußte also offenbar schon damals, daß Träume eine besondere Bedeutung haben. In vielen alten Zivilisationen war es verpönt, Schlafende zu wecken, weil man glaubte, ihre Seele verlasse während des Schlafs den Körper, und wenn man Schlafende wecke, könne es vorkommen, daß es der Seele nicht rechtzeitig gelänge, in den Körper zurückzukehren. Noch heute glauben viele Spiritisten, die Seele könne im Schlafzustand reisen und tue dies, um höheres Wissen zu erlangen und sich weiterzuentwickeln.

Dieses Kapitel handelt nicht von der Traumdeutung. Seit Josef dem Pharaoh die Bedeutung seiner Träume erklärte, versuchen Menschen, Träume zu deuten und ihre Bedeutung zu erklären. Es gibt viele Bücher zum Thema Traumdeutung, nur werden leider fast jedem speziellen Traum so viele Deutungen zugeordnet, wie es Bücher über

Traumdeutung gibt. Wir werden uns hier damit beschäftigen, ob Träume uns bei der Lösung unserer Probleme, bei der Beantwortung von Fragen und bei der Umgestaltung unseres Leben helfen können. Ein paar Seiten weiter werde ich Ihnen einige einfache Methoden erklären, mit deren Hilfe Sie den Verlauf Ihrer Träume steuern und sich nach dem Aufwachen an sie erinnern können. Dadurch können Sie sie zu Ihrem Wohle nutzen.

Was ist ein Traum? In Lexika findet man Definitionen wie: »Eine Sequenz von Gedanken und Phantasien während des Schlafs, eine Vision, eine ferne Hoffnung oder ein Ideal.« Tatsächlich ist der Traum der Visualisation erstaunlich ähnlich, mit dem einen wichtigen Unterschied allerdings, daß Träume im Unbewußten stattfinden, während eine Visualisation eindeutig dem Bereich des Bewußten angehört. Denken Sie nur einmal darüber nach, wie viele Stunden eines Tages Sie schlafend verbringen. Wenn Sie diese Zeit des Schlafs nutzen könnten, um wieviel wahrscheinlicher würde es dann, daß Sie Ihre Ziele erreichen. (Wir sprechen hier über den natürlichen Schlaf, nicht über einen beispielsweise durch Schlaftabletten oder Antidepressiva induzierten Schlaf.)

Ebenso wie die Visualisation werden auch die Träume von der rechten Gehirnhälfte gesteuert. Wie bereits erwähnt, ist dies die Seite des Gehirns, die für die Entwicklung der Kreativität zuständig ist. Wenn Sie die Qualität Ihres Lebens verbessern möchten, müssen Sie lernen, Ihre Träume für sich arbeiten zu lassen.

Vielleicht wundern Sie sich, wieso Träume, wenn sie so wichtig und hilfreich sind, Ihnen nach dem Wachwerden stets so verworren erscheinen. Das ist leicht zu erklären: Ohne entsprechende Übung wird es Ihnen schwerfallen, sich an Einzelheiten aus Träumen zu erinnern. Sie versuchen dann, logisch etwas zu ergänzen, woran Sie sich nur bruchstückhaft erinnern. Sich vollständig an die eigenen

Träume zu erinnern, kann man erlernen und trainieren, wie Ihnen die einfachen Übungen am Ende dieses Kapitels zeigen werden.

Träume sind egozentrisch. Wenn der Träumende nicht selbst die zentrale Gestalt der »Story« ist, dreht sich der gesamte Traum darum, wie die Ereignisse ihn beeinflussen und wie er darauf reagiert. Der Träumende kann jedes Gefühl erleben und tut dies auch häufig; er kann Liebe, Furcht, Wut oder Haß empfinden. Weil jene halb-erinnerten Bilder häufig ein Ausdruck dessen sind, was in Ihrem Leben vor sich geht (oder was Sie diesbezüglich hoffen oder fürchten), können Träume beunruhigend oder qualvoll sein. Damit dies möglichst selten passiert, sollten Sie – ganz gleich, wie viele Probleme Sie zu einem bestimmten Zeitpunkt Ihres Lebens haben mögen – vor dem Einschlafen eine der einfachen Entspannungsübungen praktizieren, die am Ende dieses Kapitels beschrieben werden. Selbst wenn Ihre Probleme dadurch nicht augenblicklich gelöst werden, sind Sie danach wahrscheinlich in der Lage, geistig wenigstens genügend Abstand davon zu nehmen, so daß Ihr Schlaf weniger oder gar nicht mehr gestört wird.

Um die Qualität Ihres Lebens zu verbessern, müssen Sie lernen, die Träume Ihres Unbewußten durch bewußte Visualisation nachzuahmen. In einem Traum ist nichts unmöglich. Ebenso können Sie sich selbst mit Hilfe der Visualisation davon überzeugen, daß nichts für Sie unmöglich ist – daß Sie fähig sind, alles zu tun, was Ihnen in den Sinn kommt. Weil Visualisation eine bewußte Anstrengung Ihrerseits erfordert, sind Sie selbst dafür verantwortlich, wie Sie Ihren Geist »programmieren«. Deshalb schwelgen Sie bei der Visualisation nicht in den Phantasieflügen des Unbewußten, sondern Sie befreien sich von der Negativität, die Sie wahrscheinlich auf Ihrer Lebensreise behindert.

Stellen Sie sich Ihren Geist wie einen Computer vor. Wenn Sie Probleme haben, sind Sie sich zwar der Fragen nur zu bewußt, doch ist Ihr Zugang zu Antworten begrenzt – falls Sie überhaupt Zugang dazu haben. Speisen Sie alle Informationen in Ihren Geist ein, legen Sie sich dann zum Schlafen hin, und lassen Sie den Computer seine Arbeit verrichten, ohne daß das Bewußtsein (die linke Hirnhälfte) oder die Negativität, die Sie selbst induziert haben, diese Arbeit stören könnte. Denken Sie auch daran, daß man nicht nur nachts träumen kann. Ihr innerer Computer kann ebensogut funktionieren, wenn Sie mittags ein kurzes Nickerchen machen oder wenn Sie im Wachzustand träumen.

Viele berühmte Menschen haben Ideen und Inspirationen aus ihren Träumen bezogen:

Thomas Edison behauptete, wenn er sich kurz vor dem Einschlafen eine Notiz von den Problemen gemacht hätte, die ihn gerade am stärksten beschäftigt hätten, hätte er nach dem Aufwachen die Antwort gefunden.

Otto Loewi erhielt den Friedensnobelpreis für seine Entdeckung, daß gewisse chemische Verbindungen eine wichtige Rolle bei den Aktivitäten der Nerven spielen. Er berichtete, er habe an diesem Thema eine ganze Weile gearbeitet, ohne daß es ihm gelungen sei, alle offenen Fragen zu beantworten, bis plötzlich alles einen Sinnzusammenhang ergab, als er lernte, die Kraft seines Geistes zu nutzen und seine Träume zu verstehen.

Robert Louis Stevenson behauptete, die meisten Geschichten seien ihm in Träumen oder unmittelbar nach dem Aufwachen eingefallen. Die letztere Behauptung zeigt, daß nicht immer die Träume selbst das Entscheidende sind. Träumen scheint uns den Zutritt zu einer Art Sortier-Haus des Unbewußten zu verschaffen, wodurch die Gedanken, die wir beim Aufwachen haben, an Bedeutung und Klarheit gewinnen.

Freud erklärte, Wünsche und Begierden, die im Alltagsleben nicht zum Zuge kämen, würden sich in Träumen frei äußern, und dies wirke häufig therapeutisch auf den Träumenden, da er auf diese Weise jene aufgestauten Gefühle freisetzen könne, die, würden sie weiterhin unterdrückt, psychischen Schaden verursachen könnten.

Intensive Untersuchungen zu diesem Thema sind hauptsächlich in den Vereinigten Staaten und in der Sowjet-Union durchgeführt worden. Experimente mit Freiwilligen haben gezeigt, daß es bei Menschen, die man daran hindert zu träumen, zu dramatischen Persönlichkeitsveränderungen kommt, wodurch sie häufig entweder gewalttätig und aggressiv oder verdrießlich und in sich gekehrt werden. Da es mittlerweile als erwiesen gilt, daß die meisten Anti-Depressiva die Traumtätigkeit einschränken, wird verständlich, warum diese Mittel so häufig starke Nebenwirkungen haben.

Wenn es Ihnen gelingt, Ihre Träume zu nutzen und zu steuern, können Sie Ihr Leben auf tiefgreifende Weise verändern. Dies wird in drei Stufen erreicht:

Entspannung

Ein wichtiger Teil der kreativen Steuerung von Träumen ist die Kunst der Entspannung. Nur wenn Sie sich entspannen, können Sie sicher sein, daß Ihr Bewußtsein die unbewußten Prozesse des Träumens nicht beeinträchtigt. Wenn Sie eine bewußte Anstrengung unternehmen, sich vor dem Einschlafen zu entspannen, wird außerdem die Gefahr geringer, daß Sie unangenehme Träume haben, und die Wahrscheinlichkeit wird größer, daß Ihre Träume sowohl erfreulich als auch konstruktiv sind.

Es gibt viele verschiedene Entspannungsmethoden, und es ist im Grunde unwichtig, welche Sie wählen. Einige dieser Methoden und Techniken werden weiter unten beschrieben. Sie müssen selbst ausprobieren und herausfinden, welche Ihnen am besten liegt. Erproben Sie jede dieser Methoden vier bis sieben Abende nacheinander, bevor Sie zur nächsten übergehen. Natürlich ist es am besten, dies unmittelbar vor dem Einschlafen zu tun.

1. Sie liegen mit geschlossenen Augen im Bett. Sorgen Sie dafür, daß Ihnen warm genug ist; es sollte aber auch nicht überhitzt oder stickig im Schlafzimmer sein. Spannen und entspannen Sie nun nacheinander alle Muskeln von den Füßen bis zum Kopf. Nehmen Sie sich die Zeit, so bewußt wie möglich die unterschiedlichen Empfindungen wahrzunehmen, die auftreten, wenn die Muskeln angespannt und wieder entspannt werden. Lassen Sie sich auch ein wenig Zeit, um sich auf die Muskulatur des Nackens, der Schultern, des Kiefers und des Gesichts zu konzentrieren, denn in diesen Bereichen ist die Anspannung gewöhnlich am größten.

Wenn Sie auf diese Weise durch Ihren ganzen Körper gereist sind und Ihr Körper so gelöst wie möglich ist, stellen Sie sich vor, eine angenehme Wärme würde die nun entspannten Muskeln durchfluten.

2. Nachdem Sie Ihren Körper auf die soeben beschriebene Weise entspannt haben, konzentrieren Sie sich auf Ihr Atemmuster. Lassen Sie Ihre Atmung langsam und rhythmisch werden. Ob Sie tief atmen oder nicht, ist nicht so wichtig, nur, daß Sie zu einem langsamen, regelmäßigen Atemrhythmus finden. Je entspannter Sie sind, um so oberflächlicher wird Ihr Atem werden! Vielleicht hilft es Ihnen, innerlich »eins« zu zählen, wenn Sie einatmen, und »zwei«, wenn Sie ausatmen, bis sich ein sanfter, gleichmäßiger Rhythmus eingestellt hat. Dann können Sie allmählich mit dem Zählen aufhören und die Regelmäßigkeit Ihres Atems sich selbst überlassen.

3. Sobald Sie sich entspannt haben, wie unter 1. beschrieben, können Sie mit Hilfe Ihrer Imagination das Gefühl entwickeln, daß Ihr Körper schwerer und schwerer wird. Beginnen Sie erneut bei den Füßen, und stellen Sie sich vor, daß diese so schwer wie Blei sind. Sobald Sie das Gefühl haben, daß dieser Bereich bleischwer ist, können Sie allmählich weiter aufwärts durch den Körper wandern, bis das Gefühl der Schwere sich von den Zehen bis zum obersten Punkt Ihres Kopfs ausgebreitet hat.

4. Wählen Sie nun ein Musikstück, das besonders beruhigend auf Sie wirkt, und lassen Sie es leise abspielen, während Sie sich im Bett weiter entspannen. Lassen Sie Ihren Geist Bilder produzieren, während Sie der Musik lauschen – es spielt keine Rolle, ob es sich dabei um gegenständliche Bilder handelt oder ob Sie innerlich Farben und Muster sehen, wie es bei vielen Menschen der Fall ist.

5. Nachdem Sie Ihren Körper wie unter 1. beschrieben entspannt haben, stellen Sie sich mit immer noch geschlossenen Augen einen Vorhang oder ein Stück Tuch vor, das leuchtend rot und golden gefärbt ist. Achten Sie darauf, daß sich die Farben während des Betrachtens in Blau- und Grünschattierungen verwandeln und anschließend in violette und purpurne Farbtöne.

Diese Methode ist vielleicht ein wenig schwieriger als andere, und möglicherweise erfordert sie von Ihnen mehr Ausdauer, doch wenn Sie lange genug durchhalten, ist dies eine äußerst wirksame Hilfe für die Entspannung und für die Vorbereitung auf den Schlaf.

Wie Sie Ihre Träume programmieren können

Dies ist nicht ganz so unkompliziert, wie es klingen mag, da Sie es mit Ihrem Unbewußten zu tun haben, nicht mit

Ihrem Bewußtsein. Während Sie bei der willentlichen Visualisation völlige Kontrolle über die Bilder haben, die Ihren Geist erfüllen, ist dies beim Träumen nicht der Fall. Seien Sie also unbesorgt, wenn Ihre Träume keinerlei Verbindung zu Ihren aktuellen Problemen zu haben scheinen. Die Verbindung existiert – es kann allerdings sein, daß Sie sie auf den ersten Blick nicht erkennen können. Während Ihr Unbewußtes sich mit den Problemen beschäftigt, produziert es häufig Bilder eher symbolischer als realistischer Natur.

Förderung eines gewünschten Ergebnisses

Benutzen Sie diese Methode, wenn Sie sich klar darüber sind, in welchem Bereich Ihres Lebens Sie eine Verbesserung erzielen wollen.

Wenn Sie Ihren Körper mit Hilfe einer der beschriebenen Methoden völlig entspannt haben, fangen Sie an, sich vor Ihrem inneren Auge in der Situation zu sehen, die Sie beschäftigt. Achten Sie aber darauf, daß Sie sich die Begleitumstände wirklich so vorstellen, wie Sie sie *gerne* hätten, also nicht so, wie Sie *befürchten*, daß sie sein könnten.

Angenommen, Sie spielen gerne Golf, haben aber festgestellt, daß Sie nicht mehr so präzise putten wie früher einmal. Visualisieren Sie vor dem Einschlafen, wie Sie perfekt von jeder beliebigen Position aus putten. Es ist sehr wichtig, daß Sie innerlich lebendige Szene sehen, also kein Standbild – mit anderen Worten, daß Sie den gesamten Vorgang vor Ihrem inneren Auge ablaufen sehen, Situation für Situation, zuerst die korrekte Fußstellung, dann das mentale Eintaxieren der Position, die Übungsschläge und schließlich den Schlag selbst – wobei zum Abschluß natürlich der Ball ins Loch rollt.

Ich möchte noch einmal klarstellen, daß keine Form von Visualisation oder Traumprogrammierung zu einem positiven Ergebnis führen kann, wenn Sie nicht zunächst einmal Golf spielen können. Visualisation und Traumprogrammierung können Ihnen jedoch helfen, Ihre bereits vorhandene Fähigkeit in Zukunft nach besten Kräften einzusetzen. Wenn Sie Unterricht im Golfspiel genommen haben, brauchen Sie nicht mehr jede einzelne Bewegung zu berechnen, die schließlich zum erfolgreichen Putten führt. Ihr Körper führt diese Bewegungen automatisch aus, sobald Sie davon überzeugt sind, daß Sie Ihr Ziel erreichen können.

Diese Form der Traumprogrammierung erfordert Übung. Deshalb können Sie nicht erwarten, daß alles gleich beim ersten Mal perfekt funktioniert. Ebensowenig sollten Sie am folgenden Tag mit dramatischen Veränderungen rechnen. Doch wenn Sie stetig weiterüben, werden zwei wichtige Dinge geschehen. Erstens wird sich das, was Sie vor dem Einschlafen visualisiert haben, im Traum fortsetzen, so daß Ihr Unbewußtes mit Bildern gefüllt wird, die Sie als erfolgreichen Golfspieler zeigen. Zweitens wird Ihr Können auf dem Golfplatz deutlich besser werden.

Denken Sie daran: Wenn Sie möchten, daß Ihre Träume für Sie arbeiten, ist es wichtig, daß Sie die Bilder klar in Ihrem Geiste sehen. Absichtserklärungen und Affirmationen genügen nicht. Manche Leute glauben, das unentwegte Wiederholen eines affirmativen Satzes – im Stil von Emil Coué – habe die gleiche Wirkung. Theoretisch könnte diese Methode funktionieren – wenn die Menschen nicht so unvollkommen wären, wie sie nun einmal sind. Damit Affirmationen wirklich wirksam sein können, muß man sich beim Sprechen auf den Sinn und die Bedeutung des Gesprochenen konzentrieren. Wenn man ein Wort oder einen Satz jedoch ständig wiederholt, geht im Laufe der Zeit mit großer Wahrscheinlichkeit der Sinn des Gesagten verloren, wodurch die potentielle positive Wirkung zunichte gemacht wird.

Allgemeine Methode zum Lösen von Problemen
Diese Methode führt nicht unbedingt zu eindeutigen Antworten, doch sie kann Ihnen helfen, ein Gefühl für die Richtung zu entwickeln, die Sie einschlagen müssen. Wenn man sie in Verbindung mit bewußter Visualisation benutzt, kann sie auch helfen, in einen bestimmten Bereich in Ihrem Leben Ordnung zu schaffen.

Lassen Sie, nachdem Sie sich vor dem Einschlafen mit Hilfe einer von Ihnen gewählten Methode entspannt haben, zu, daß sich Ihr Geist dem Aspekt Ihres Lebens zuwendet, der in Ihnen das Gefühl des Unwohlseins erzeugt. Auch hierbei ist es wichtig, daß Sie versuchen, Bilder in Ihrem Kopf entstehen zu lassen, statt die Situation rein verbal zu durchdenken.

Nehmen wir an, Sie wollen ein spezielles Problem lösen oder müssen eine Entscheidung hinsichtlich einer wichtigen Beziehung treffen. Bewußt durchdenken Sie dann wahrscheinlich viele verschiedene Lösungsmöglichkeiten, die die verschiedensten äußeren Einflüsse miteinbeziehen, ohne daß diese tatsächlich für das Ergebnis eine Rolle spielen. Unterdessen *weiß* Ihr Unbewußtes, was für Sie persönlich und auch für alle Betroffenen die beste Lösung ist, doch ist es für alle Menschen ziemlich schwierig, den Geist von den unwichtigen Dingen zu reinigen, die ihn trüben.

Wenn Sie anfangen, Ihre Träume zu programmieren, sollten Sie nicht versuchen, *die* ideale Lösung zu Ihrem Problem zu »entwerfen«. Viel besser ist es, sich auf die Situation, so wie sie im Augenblick ist, zu konzentrieren und dem Unbewußten die Sorge um die Zukunft zu überlassen – als würden Sie alle bekannten Fakten in einen riesigen Computer eingeben und ihn die Antworten selbständig auf dem Bildschirm ausgeben lassen.

Vermutlich lassen Ihre Träume in solch einem Fall nicht auf den ersten Blick erkennen, daß sie etwas mit dem

Problem zu tun haben, das Ihren Geist zur Zeit am stärksten beschäftigt. Eher handeln sie von Menschen und Ereignissen Ihrer Vergangenheit – doch all das gehört zur Suche nach einer Lösung. Schließlich ist das emotionale Wesen, das Sie heute sind, durch die Einflüsse jener Menschen und Ereignisse der Vergangenheit entstanden. Ihr mentaler Computer verrichtet also seine Arbeit, auch wenn es den Anschein haben mag, als würde er dies auf eine ziemlich umständliche Weise tun.

Auch hier ist es wichtig, daß Sie Ihrem Unbewußten genügend Zeit lassen, die geeignetste Lösung zu Ihrem Problem zu finden. Manchmal wird es nur einen oder zwei Tage, möglicherweise aber auch Wochen dauern, bis Sie sich völlig sicher sind, wie Sie am besten mit der Situation umgehen sollten. Doch wenn Sie die Zeit des Träumens so nutzen, wie ich es beschrieben habe, können Sie sicher sein, daß der hocheffiziente Computer in Ihrem Inneren Sie nicht im Stich lassen wird. Eines Tages werden Sie *wissen*, welche Richtung Sie einschlagen müssen – auch wenn Sie nicht mit absoluter Sicherheit zu sagen vermögen, wie Sie zu diesem Schluß gekommen sind. Sie brauchen dann nur noch diesem Wissen entsprechend zu handeln.

Erinnerung an Träume

Die meisten Menschen sind sich beim Aufwachen bewußt, daß sie geträumt haben, doch nur wenige erinnern sich detailliert an ihre Träume. Dennoch würden wir alle zweifellos sehr von einer gründlicheren Kenntnis der Funktionsweise unseres Unbewußten profitieren.

Sich an Träume zu erinnern, erfordert Übung und Vorbereitung. Offenbar reicht schon allein das Aufstehen aus dem Bett und der Beginn der Alltagsroutine aus, um die ohnehin schon nebulösen Bilder zu zerstören, die sich in den Tiefen unseres Geistes verbergen. Sie müssen also eine Situation schaffen, in der Sie die Zeit und die Möglichkeit haben, sich auf die Fragmente Ihrer Träume zu besinnen, an die Sie sich noch erinnern können, und sich Notizen darüber zu machen.

Bevor Sie sich abends zum Schlafen hinlegen, sollten Sie einen Stift und einen Notizblock neben Ihrem Bett bereitlegen – notfalls direkt neben dem Wecker. Wenn es Ihnen lieber ist, können Sie auch einen kleinen Kasettenrekorder benutzen. Manche Menschen sprechen lieber über ihre Träume, als etwas darüber aufzuschreiben. Probieren Sie beide Methoden aus, und versuchen Sie herauszufinden, welche von beiden Ihnen mehr liegt.

Sie werden ein paar Minuten lang über den Traum, den Sie gehabt haben, nachdenken müssen, bevor Sie sich schriftlich oder mit dem Kasettenrekorder Notizen dazu machen können. Deshalb sollten Sie den Wecker ein wenig früher als gewöhnlich stellen – zehn Minuten müßten allerdings ausreichen.

Machen Sie es sich zur Gewohnheit, nach dem Aufwachen mit geschlossenen Augen im Bett liegenzubleiben und sich auf das letzte Bild Ihres Traums, an das Sie sich erinnern können, zu konzentrieren. Bemühen Sie sich bewußt darum, dieses Bild in Ihrem Geist festzuhalten, bevor Sie sich im Bett aufrichten, um sich eine Notiz darüber zu machen. Es kann sein, daß dieses letzte Bild anfangs das einzige ist, woran Sie sich erinnern können – doch lassen Sie sich dadurch nicht entmutigen. Im Laufe der Zeit werden Sie lernen, sich mit Hilfe eines solchen isolierten Bildes an andere Szenen oder Emotionen zu erinnern, die in Ihrem Traum eine Rolle gespielt haben, worüber Sie sich dann ebenfalls Notizen machen können.

Wenn Sie anfangen, diese Technik zu üben, sollten Sie sich nicht zu sehr darauf versteifen, Ihre Träume oder deren Bedeutung verstehen zu wollen. Geben Sie sich damit zufrieden, sie einfach zu notieren. Im Laufe der Zeit wird Ihre Erinnerung immer besser werden, und auch der Sinn der Träume wird Ihnen immer klarer werden.

Manche Menschen führen ein »Traumtagebuch«, in dem sie jeden Morgen vor dem Aufstehen ihre Träume notieren. Das ist häufig von Nutzen, denn selbst wenn Sie sich nicht mit größeren Problemen auseinandersetzen, arbeitet Ihr Unbewußtes ständig in Ihrem Interesse. Wenn Sie nach einer gewissen Zeitspanne auf eine Serie von Träumen zurückblicken, kann Ihnen dies durchaus klare Hinweise darüber liefern, wie Sie Ihr Leben bereichern können.

Träume sind keineswegs jene vagen und flüchtigen Dinge, für die viele Menschen sie lange Zeit gehalten haben. Indem Sie lernen, sie zu programmieren und sich an sie zu erinnern, können Sie sich einen der nützlichsten Aspekte Ihres Unbewußten erschließen, und wenn Sie dies noch mit der Technik der Visualisation verbinden, haben Sie ein Mittel in der Hand, mit dessen Hilfe Sie Ihr Leben in vielerlei Hinsicht verändern können.

ENTDECKEN SIE
IHRE IMAGINATION WIEDER

Als Regisseur dieses wundervollen Films, in dem Sie selbst außerdem die Hauptrolle spielen, werden Sie sicher nicht besonders zufrieden mit dem Ergebnis sein, wenn Sie feststellen, daß der ganze Film mit einer unsauberen Linse aufgenommen worden ist! Genauso verhält es sich, wenn Sie lernen wollen, die ungeheuren Kräfte Ihrer Imagination zu nutzen: Das Ergebnis dieser Bemühungen wird wesentlich befriedigender ausfallen, wenn Sie zuvor Ihre Visualisationsfähigkeit schulen. Je klarer das geistige Bild ist, das Sie kreieren, um so wirksamer ist der Visualisationsprozeß selbst.

Wie beurteilen Sie Ihre Fähigkeit, klar zu visualisieren? Manche Menschen sind mit ihrer Visualisationsfähigkeit ganz zufrieden, andere sagen, sie seien nicht in der Lage, auch nur irgend etwas mit ihrem inneren Auge zu »sehen«. Die einfachen Übungen in diesem Kapitel ermöglichen es jedem, seine Imaginationsfähigkeit in ungeahnter Weise zu entwickeln. Und auch bei denen, die mit ihrer Imaginationsfähigkeit ganz zufrieden sind, werden sich durch die Übungen Klarheit und Intensität der Bilder verbessern. Es wäre sinnlos, Ihnen den Nutzen der Visualisation erklären zu wollen, wenn Sie nicht das Gefühl haben, selbst visualisieren zu können.

Denken Sie stets daran, daß nur Menschen, die blind geboren sind, niemals visuelle Bilder in Ihrem Geist sehen können. Selbst diejenigen, die ihr Sehvermögen in relativ frühem Alter verloren haben, können in ihrer Vorstellung Bilder kreieren – allerdings entsprechen diese manchmal nicht ganz der Realität. Jeder andere Mensch verfügt ohne

Ausnahme über die angeborene Fähigkeit zu visualisieren. Natürlich haben viele diese Fähigkeit im Lauf der Jahre verloren, insbesondere, wenn man ihnen beigebracht hat, nicht zu »träumen« – also nicht Tagträumen nachzuhängen – und überwiegend »realistisch«, statt imaginativ und kreativ zu sein. Doch kann man die Imaginationsfähigkeit wiedererlangen. Stellen Sie sich vor, es handle sich dabei um eine Art Muskel, der durch Nichtgebrauch schwach und kraftlos geworden ist. Durch regelmäßiges Training und ständigen Gebrauch kann solch ein Muskel wieder stark und funktionsfähig werden. Ebenso verhält es sich mit der Imagination: Wenn Sie bereit sind, den Gebrauch Ihrer visuellen Kräfte zu üben, können Sie die kostbare Gabe der Imagination wiederentdecken. Doch ebenso wie die Kraft eines untrainierten Muskels kehrt auch die Kraft der Imagination nicht innerhalb von 24 Stunden in voller Stärke zurück. Dazu ist regelmäßiges Training über längere Zeit erforderlich. Da es hier allerdings darum geht, etwas Vergessenes wieder aufzufrischen, nicht darum, etwas völlig Neues zu erlernen, wird Ihnen dies wesentlich leichter fallen, als Sie vielleicht glauben mögen. Und angesichts der Ergebnisse werden Ihnen die Anstrengung im Nachhinein sicherlich als der Mühe wert erscheinen.

Alles, was Sie anfangs investieren müssen, sind zweimal täglich zehn Minuten Ihrer Zeit. Wie hektisch oder geschäftig Sie auch sein mögen, die Veränderungen, die diese Übungen bewirken werden, lohnen es, zehn Minuten früher aufzustehen oder sich zehn Minuten später zum Schlafen hinzulegen. Nutzen Sie diese kurze Zeit, um die folgenden Übungen durchzuarbeiten. Seien Sie bitte nicht ungeduldig, sondern bleiben Sie solange bei einer Übung, bis Sie Ihnen leicht fällt, und gehen Sie erst dann zur nächsten über.

Übung 1

a) Setzen Sie sich an einen Schreibtisch oder Tisch und stellen Sie ein einzelnes Objekt auf die Tischplatte – vielleicht einen Becher oder einen Krug. Verbringen Sie ein paar Minuten damit, diesen Gegenstand aufmerksam zu betrachten. Denken Sie nicht einfach: »Ach ja, das ist ein Becher.« *Schauen* Sie sich den Gegenstand wirklich *an*; *studieren* Sie ihn. Achten Sie genau auf die Form des Bechers und auf seine Oberflächenstruktur. Können Sie ein Muster darin erkennen? Wie ist der Griff beschaffen – ist er schmucklos oder verziert? Wenn der Becher (beispielsweise) blau ist, dann stellen Sie fest, um welche spezielle Schattierung von Blau es sich handelt. Ist die Farbe gleichmäßig, oder ist sie vielleicht oben heller und unten dunkler?

Sobald Sie das Gefühl haben, mit dem gewählten Gegenstand völlig vertraut zu sein, schließen Sie die Augen und versuchen, ihn sich vorzustellen. Machen Sie sich keine Sorgen, wenn es Ihnen schwer fällt, das Objekt überhaupt zu visualisieren; wenn Ihnen dies nicht auf befriedigende Weise gelingt, öffnen Sie einfach die Augen wieder und schauen es sich noch einmal an. Setzen Sie diese Übung so lange fort, bis Sie mit dem Ergebnis zufrieden sind, und gehen Sie erst dann zur nächsten über.

Anfangs werden Sie nicht nur die Imagination benutzen, sondern außerdem eine Kombination aus Erinnerung und Logik. Irgendwann werden Sie jedoch feststellen, daß Sie in der Lage sind, einfach die Augen zu schließen und das gewählte Objekt zu visualisieren, ohne sich zuerst daran erinnern zu müssen, wie es aussieht.

b) Setzen Sie sich in ein ruhiges Zimmer, am besten ins Schlafzimmer, weil Sie dort wahrscheinlich weder durch Radio und Fernsehen noch durch Mitbewohner gestört werden. Es wirkt sich sehr positiv auf das Üben aus, wenn

Sie das Gefühl haben, sich in einer friedvollen und von Ruhe geprägten Situation zu befinden. Setzen Sie sich jedesmal an die gleiche Stelle – ob Sie auf einem Stuhl oder auf dem Bett sitzen, ist gleichgültig. Schauen Sie um sich und registrieren Sie, was Sie sehen. Studieren Sie die Größe und Form jedes Möbelstücks. Schauen Sie sich die Farben und Oberflächenstrukturen der Gegenstände und Materialien im Raum genau an. Es ist auch empfehlenswert, sich zu fragen, was für ein Gefühl Ihnen der Raum gibt. Fühlen Sie sich darin wohl? Ist es ein Hafen des Friedens nach dem Trubel des Tages? Wenn Sie später die Visualisation dazu nutzen werden, Ihre Situation im Leben zu verbessern, müssen Sie eine Verbindung zwischen Bildern und Emotionen herstellen können. Deshalb ist es sinnvoll, schon jetzt damit anzufangen.

Sobald Sie das Gefühl haben, wirklich zu wissen, wie das Zimmer aussieht und sich anfühlt, schließen Sie die Augen und versuchen, es sich so detailliert wie möglich vorzustellen, wobei Sie nicht einfach nur die äußeren Umrisse visualisieren, sondern auch die Oberflächenstruktur der Möbel und die Atmosphäre, die der Raum ausstrahlt. Diese Übung ist ein wenig schwieriger als die vorige und erfordert möglicherweise mehr Training, aber Sie werden auch diese Übung bald beherrschen.

c) Der dritte Teil der Übung ist der schwierigste, weil Sie sich nun mit etwas beschäftigen werden, das nur teilweise konstant ist und Elemente enthält, die sich unentwegt verändern.

Setzen Sie sich an ein Fenster in Ihrer Wohnung, und schauen Sie hinaus. Bis jetzt haben Sie geübt, statische Objekte zu studieren und zu visualisieren. Nun sollen Sie sich Objekten zuwenden, die zwar einen unveränderlichen Anteil haben – die Straße, das Gras, die Bäume und die Gebäude bleiben konstant. Doch in der Szene, die Sie sehen, werden sich einige Elemente verändern – entweder während Sie sie betrachten (beispielsweise Fußgänger, die vorübergehen, oder Vögel, die durch die Luft fliegen) oder im Laufe mehrerer Tage (Blumen öffnen sich, das Wetter verändert sich).

Gehen Sie hier genauso vor wie in Übungsteil a) und b). Studieren Sie die Aussicht von Ihrem Fenster, bis Sie sie gut kennen und klar im Geiste vor sich sehen, sobald Sie die Augen schließen. Sobald Sie Veränderungen in der Szene selbst beobachtet haben, sollen Sie versuchen, diese Veränderungen ebenfalls zu visualisieren. Mit anderen Worten: Wenn Sie an einem sonnigen Tag in Ihren Garten schauen, sollen Sie, sobald es Ihnen gelungen ist, die Szene so zu visualisieren, wie sie tatsächlich ist, versuchen, sich diesen Ausblick in Ihren Garten bei Regen vorzustellen.

Wenn Sie Vertrauen in Ihre Fähigkeit entwickelt haben, die Übungsteile a), b) und c) zu visualisieren, können Sie mit den folgenden Übungen beginnen. Wahrscheinlich werden Ihnen diese wesentlich leichter fallen, und Sie werden sie schneller beherrschen als die ersten, weil Sie die größte Hürde bereits überwunden haben: die visuelle Imagination überhaupt erst einmal wieder zu aktivieren.

Übung 2

a) Im ersten Teil der ersten Übung sollten Sie ein bestimmtes Objekt visualisieren – einen Becher beispielsweise –, nachdem Sie sich den betreffenden Gegenstand genau angeschaut hatten. Jetzt sollen Sie einen anderen Becher oder Krug visualisieren – doch diesmal, *bevor* Sie ihn sich angeschaut haben. Schließen Sie die Augen, und visualisieren Sie das betreffende Objekt so klar und differenziert wie möglich. Öffnen Sie danach die Augen wieder, holen Sie den Gegenstand herbei, und schauen Sie ihn sich an. War Ihre Visualisation zutreffend? Falls nicht, machen Sie sich eine Notiz darüber, welche Details Sie nicht genau getroffen haben. Aber seien Sie unbesorgt, wenn es Ihnen nicht gelungen ist, den Gegenstand korrekt zu visualisieren; was zählt, ist allein die Tatsache, daß Sie überhaupt in der Lage waren, ihn sich vorzustellen.

Fahren Sie mit dieser Übung fort (wobei Sie jedesmal ein anderes Objekt benutzen), bis Sie das Gefühl haben, Ihre Fähigkeit, eine Vielzahl von Gegenständen visualisieren zu können, zu einer gewissen Perfektion entwickelt zu haben.

b) In einer der vorangehenden Übungen sollten Sie in einem Zimmer sitzen, es sich genau anschauen und anschließend visualisieren, wobei Sie nicht nur auf den visuellen Eindruck des Zimmers, sondern auch auf die Atmosphäre achten sollten. Sie sollen sich nun wieder in ein Zimmer setzen, die Augen schließen und ein *anderes* Zimmer visualisieren, das Sie gut kennen. Wie sieht es aus? Wie *fühlt* es sich an? Nehmen Sie sich Zeit, und erinnern Sie sich an die ungeheure Vielfalt von Strukturen, die in jedem Zimmer zu finden ist: die Weichheit von Polster und Kissen, die Rauheit oder die polierte Glattheit von Stein- oder Holzoberflächen. Denken Sie daran, daß manchen Räumen eine Atmosphäre der Helligkeit und des Lichts eigen ist, während andere eine dunklere und trübere Atmosphäre ausstrahlen. Beschäftigen Sie sich mit all diesen Einzelheiten, bevor Sie das betreffende Zimmer aufsuchen und sich anschauen. Sie brauchen sich nicht an jedes Detail erinnern zu können; entscheiden ist, ob es Ihnen gelingt, sich überhaupt eine bildliche Vorstellung davon zu machen und seine Atmosphäre erfolgreich nachzuempfinden.

c) Nachdem Sie bereits die Aussicht von einem Fenster Ihres Hauses oder Ihrer Wohnung studiert haben, sollen Sie nun erneut die Augen schließen und versuchen, sich vorzustellen, was Sie aus einem anderen Fenster sehen würden. Natürlich können Sie sich bei den Dingen, die sich ständig verändern, nicht sicher sein, wie sie in Wirklichkeit aussehen, doch die Grundelemente bleiben ja in jedem Fall konstant. Sobald Sie jene Grundelemente (die Straße, die Häuser) vor Ihrem geistigen Auge sehen, können Sie versuchen, sich die veränderlichen Objekte vorzustellen (die Passanten, die Blüten an den Bäumen). Und vor allem: Welches Gefühl erzeugt die Szene? Falls es sich um einen Garten handelt, stellen Sie ihn sich gegen Abend vor, wenn lange purpurfarbene Schatten sich über den Rasen legen, oder an einem stürmischen Frühlingsmorgen, wenn die Bäume sich im Wind wiegen und die Wäsche auf der Leine flattert? Falls es sich um eine Straße handelt, visualisieren Sie diese an einem Sonntagnachmittag mit Spaziergängern oder früh morgens, wenn alle, ohne nach links und rechts zu schauen, zur Arbeit hasten?

Nachdem Sie diesen neuen, anderen Ausblick visualisiert haben, suchen Sie das für die Visualisation gewählte Fenster real auf und überprüfen, ob der Ausblick tatsächlich so ist, wie Sie ihn sich vorgestellt haben. Auch hier geht es nicht in erster Linie darum, ob Sie mit jedem kleinsten Detail richtig liegen, sondern ob es Ihnen überhaupt gelungen ist, sich die betreffende Szene vorzustellen.

Sobald Sie mit dieser Übung vertraut sind, können Sie damit experimentieren, ob es Ihnen gelingt, in Ihrer Imagination die Tageszeit oder die Jahreszeit zu verändern. Wenn es in der Realität Winter ist, und alle Passanten tragen dicke Mäntel, Schals und Hüte, können Sie sich die gleiche Szene an einem sonnigen Julinachmittag vorstellen, wenn die Frauen ärmellose Kleider und die Kinder Shorts und T-Shirts tragen.

Übung 3

a) Sie haben gelernt, in Ihrem Geist ein Bild von einem einzelnen Gegenstand zu kreieren, der sich zur Zeit in Ihrem Besitz befindet. In dieser Übung sollen Sie versuchen, sich an einen Gegenstand aus Ihrer Kindheit zu erinnern – vielleicht an ein Schmuckstück aus Ihrem Elternhaus oder an Ihr Lieblingsspielzeug. Versuchen Sie, sich den betreffenden Gegenstand vorzustellen, und visualisieren Sie anschließend auch seine unmittelbare Umgebung. Handelte es sich dabei um etwas, das ständig zu sehen war, oder wurde der Gegenstand in einer Schublade oder in einem Schrank aufbewahrt, bis er gebraucht wurde? Wie sah er aus? Wie fühlte er sich an? Welche Gefühle hat er damals in Ihnen hervorgerufen – und was für Gefühle weckt er heute in Ihnen? Alle diese Punkte sind wichtig, und auch wenn Ihnen das betreffende Objekt heute nicht mehr zur Verfügung steht, so daß Sie Ihre Vorstellung mit der Realität vergleichen können, wird die Visualisation mit jedem Üben klarer und stärker werden.

b) Nachdem Sie geübt haben, einen Raum zu visualisieren, der sich in Ihrer derzeitigen Umgebung befindet, sollen Sie sich nun einen Raum in dem Haus vorstellen, in dem Sie als Kind gelebt haben. Am leichtesten wird es Ihnen wahrscheinlich fallen, sich das Schlafzimmer oder die Küche in Ihrem Elternhaus vorzustellen. Untersuchungen haben ergeben, daß die stärksten Kindheitserinnerungen sich auf Spiel, Schlaf und die Zubereitung von Essen beziehen. Nicht das tatsächliche Essen scheint bedeutsam zu sein, sondern der Ort, wo das Essen zubereitet wurde. Und wenn Sie daran denken, daß Kleinkinder der Mutter ständig hinterherlaufen, ist natürlich klar, daß sie einen großen Teil der Zeit in der Küche verbringen.

Es bleibt jedoch völlig Ihnen überlassen, welches Zimmer der elterlichen Wohnung Sie für die Visualisationsübung wählen. Versuchen Sie zu visualisieren, wie es aussah, wer sich darin befand, was Sie darin taten und wie Sie sich damals darin fühlten. Außerdem sollen Sie sich fragen, welche Gefühle jene erinnerten Bilder heute in Ihnen heraufbeschwören.

c) Durch die vorangegangenen Übungen haben Sie sich daran gewöhnt, eine Szene zu visualisieren und sich Veränderungen in jener Szene vorzustellen – unterschiedliche Wetterverhältnisse und Jahreszeiten oder die Anwesenheit von agierenden Menschen oder Tieren. Versuchen Sie nun, sich eine Szene aus Ihrer Kindheit vorzustellen. Dabei ist es wichtig, so spontan wie möglich zu sein. Wenn ich zu Ihnen sagen würde: »Stellen Sie sich eine Szene aus Ihrer Kindheit vor« – so sollen Sie diejenige wählen, die Ihnen auf Anhieb einfällt, statt lange nach einem geeigneten Bild zu suchen.

Verfahren Sie mit dieser erinnerten Szene genauso, wie Sie es mit den beobachteten gemacht haben. Einige Dinge darin werden unverändert bleiben. Vielleicht befinden Sie sich in Ihrem Garten hinter dem Haus; vielleicht wollen Sie sich an den Schulweg erinnern; oder Sie schauen aus dem Fenster Ihres Kinderschlafzimmers. In all diesen Szenen bleiben – genau wie in jeder anderen – die Grundelemente gleich. Der Sand und das Meer, die Straßen, die Sie überqueren müssen, oder die Häuser in der Straße, in der Sie wohnen – sie werden sich nicht verändern. Doch Sonnenschein oder Schnee, Menschen oder Fahrzeuge können die gesamte Szene ziemlich dramatisch verändern. Interessant ist auch, welche Art von Bildern Ihnen zuerst einfällt.

Wie in den vorangegangenen beiden Abschnitten dieser Übung sollen Sie sich auch diesmal nicht nur auf das visuelle Bild konzentrieren, das Sie kreieren, sondern auch auf die Empfindungen und auf die Atmosphäre, die es in Ihnen und um Sie herum erzeugt – damals wie heute. Versuchen Sie, die Wetterverhältnisse oder die Tageszeit in dem von

Ihnen gewählten Bild zu verändern, und schauen Sie, ob sich dadurch Ihr Gefühl dazu verändert.

Übung 4

Diese Übung ist etwas anders, da es in diesem Fall nicht möglich ist festzustellen, ob Sie die Sache »richtig« oder »falsch« gemacht haben. Doch wenn Sie alle drei Teile erfolgreich abgeschlossen haben, können Sie sicher sein, daß Ihre Imagination wieder voll funktionsfähig ist und daß Sie sie somit dazu nutzen können, durch positive Visualisation Ihr Leben zu gestalten.

a) Bisher haben Sie reale Objekte benutzt – gegenwärtige oder erinnerte –, um Ihre Visualisationsfähigkeit zu verbessern. Die nächste Stufe besteht darin, vor Ihren inneren Auge ein einzelnes Objekt zu kreieren – einen Gebrauchsgegenstand oder ein Schmuckobjekt. Der Einfachheit halber wollen wir beim Bild des Bechers oder des Krugs bleiben. Versuchen Sie, sich einen dieser beiden Gegenstände vorzustellen. Sehen Sie ihn klar in Ihrem Geist vor sich. Finden Sie heraus, wie er sich anfühlt – ob es sich um grobe Töpferware oder um feines Porzellan handelt. Ist der Gegenstand leicht und grazil oder schwer? Ist er nützlich oder ein reines Zierstück? Ist er mit Verzierungen und einem komplizierten Design versehen, oder ist er sehr einfach gestaltet? Und vor allem: Mögen Sie ihn?

b) Sie haben geübt, mit Hilfe Ihrer Vorstellung ein Zimmer zu visualisieren, mit dem Sie heute vertraut sind; Sie haben einige Zeit damit verbracht, die Erinnerung an einen Raum aus Ihrer Kindheit zu aktivieren; jetzt sollen Sie zum Spaß – und es soll Ihnen wirklich Spaß machen – in Ihrer Vorstellung Ihren Idealraum kreieren.

Fangen Sie mit der Höhe und dem Zuschnitt des Raumes an. Welche Art von Fenstern hat er? Denken Sie daran, daß er das Produkt Ihrer Imagination ist. Sie können also nach Herzenslust Ihrer Phantasie die Zügel schießen lassen. Das Fenster kann aus modernem Spiegelglas bestehen, es kann aber auch ein rustikales Sprossenfenster sein oder jedes beliebige andere Fenster, für das Sie sich entscheiden. Schauen Sie nun, welche Farben in Ihrem Raum vorherrschen – visualisieren Sie die Wände, die Vorhänge, die Möbel. Sie werden sich immer genauer der Möblierung und der Dekoration in Ihrem Raum bewußt werden. Und genau wie in der Realität können Sie natürlich auch jeden Teil des imaginierten Raumes verändern, wenn er Ihnen nicht gefällt – es kostet Sie nicht einmal etwas!

Dieser Raum gehört einzig und allein Ihnen! Jedesmal, wenn Sie sich diese Übung vornehmen, werden Sie vertrauter mit Ihrem Idealraum und mit den Bild, das Sie kreieren.

c) Nachdem Sie in Ihrem Geist ein imaginäres Objekt und danach einen imaginären Raum kreiert haben, ist nun die Zeit gekommen, eine imaginäre Szene zu kreieren. Sie erhalten nun die Gelegenheit, sich mit Hilfe Ihrer Visualitationsfähigkeit an einen beliebigen Ort auf der Welt zu versetzen. Sie können die Szenerie wählen, die Ihnen am besten gefällt. Sogar Ihr Lieblingswetter können Sie wählen. Wenn Sie gerne unter Menschen sein wollen, können Sie dies in das von Ihnen gewählte Bild einbeziehen; wenn Ihnen die Einsamkeit lieber ist, können Sie auch diese wählen. Sie können wirklich wählen, was Sie wollen.

Nachdem Sie gelernt haben, in Ihrer Imagination eine wunderschöne und angenehme Szene zu kreieren (denken Sie daran, daß es nicht jedesmal die gleiche sein muß!) und den Frieden und die Zufriedenheit zu erfahren, die Sie dort erwartet, ist Ihre visuelle Imagination wieder voll funktionsfähig und vermag Ihnen nun zu helfen, Veränderungen in Ihrem Leben einzuleiten.

Wahrscheinlich haben Sie bemerkt, daß sich im Verlauf der einzelnen Teilübungen das Schwergewicht immer stärker auf Ihre Gefühle und Emotionen verlagerte. Sie sollten sich bewußt werden, was für ein Gefühl eine bestimmte Situation in Ihnen erzeugte und welche Emotionen durch jene Bilder der Vergangenheit heraufbeschworen wurden. Dadurch sollte verhindert werden, daß Sie die Imagination als etwas rein Visuelles ansehen. Außerdem sollten Sie daran erinnert werden, daß auch die übrigen Sinne eine wichtige Rolle dabei spielen. Wenn Sie die Visualisation zum Erreichen Ihrer Ziele nutzen wollen, ist es nicht damit getan, daß Sie sich vorstellen, wie Erfolg *aussieht*, Sie müssen sich auch innerlich vorstellen, wie er sich *anfühlt*. Wenn Sie etwas gegen Ihr Übergewicht tun wollen, müssen Sie sich vorstellen, wie es sich anfühlen würde, schlank zu sein; wenn Sie zum vierten Mal die Führerscheinprüfung wiederholen müssen, ist es wichtig, daß Sie sich das Gefühl des Triumphs vorstellen, das Sie nach Bestehen der Prüfung haben werden.

Die Emotionen und Bilder, die sich bereits in Ihrem Geist befinden, haben Sie zu dem gemacht, was Sie zur Zeit sind. Natürlich sind diese Emotionen und Bilder nicht unbedingt naturgetreue Spiegelungen der realen Situation – sie sind durch Menschen und Ereignisse aus Ihrem bisherigen Leben zustande gekommen. Es ist etwas völlig anderes, ob man in einer *bestimmten* Situation versagt oder ob man *generell* ein Versager ist – doch viele Menschen machen diese Unterscheidung nicht. Wie oft haben Sie schon jemanden sagen gehört: »Es wird mir *nie* gelingen, mit dem Rauchen aufzuhören«, »Meine Beziehungen sind *immer* eine einzige Katastrophe« oder »Ich mache mich in Einstellungsgesprächen *immer* völlig lächerlich«? Doch wenn Sie Entschlossenheit entwickeln und die Kraft Ihres eigenen Geistes weise benutzen, können Sie lernen, sich selbst als jemanden vorzustellen, der vielleicht in der Vergangenheit in einem bestimmten Bereich des Lebens versagt hat, der aber beim nächsten Mal erfolgreich sein wird.

Verschiedene Menschen reagieren natürlich unterschiedlich auf ein und dieselbe Situation, wie Sie am folgenden Beispiel sehen werden:

Eduard und Ralf beschließen, an einem Tennisturnier in ihrem Tennisclub teilzunehmen. Eduard schaut sich die Liste der sechzehn Teilnehmer an und denkt:»Es wird ein ziemlich harter Wettkampf werden; ich werde also mein Bestes geben müssen. Vielleicht sollte ich ein paar zusätzliche Trainingsstunden einlegen.«

Ralf hingegen schaut sich die Teilnehmerliste an und denkt:»Die meisten sind wesentlich bessere Spieler als ich; es ist also ohnehin sinnlos teilzunehmen. Ich habe nicht die geringste Chance zu gewinnen.« Nur durch Eduards gutes Zureden läßt sich Ralf schließlich doch noch dazu zu bewegen, an dem Turnier teilzunehmen.

Sie sehen an diesem Beispiel, daß sich Menschen schon im Anfangsstadium einer solchen Situation völlig unterschiedlich verhalten können. Weil Ralf von einigen anderen Teilnehmern einmal besiegt wurde, ist er so sehr von seiner Versagerrolle überzeugt, daß er bereit ist, schon aufzugeben, bevor er es auch nur auf einen Versuch hat ankommen lassen. Auch Eduard weiß, daß einige der Teilnehmer in der Vergangenheit bessere Ergebnisse erzielt haben als er – doch dadurch läßt er sich nicht davon abhalten, seine eigene Leistungsfähigkeit zu verbessern und sein Bestes zu geben. Schließlich gibt es weder im Tennis noch in irgendeiner anderen Sportart einen Weltmeister, der nicht zu Beginn seiner Karriere einmal von erfahreneren Spielern besiegt worden wäre. Und es gibt auch keinen Tennis-Champion der Weltklasse, der nicht einmal einen Doppelfehler gemacht oder ein Match verloren hätte. Ein echter Champion wird trotzdem immer wieder versuchen, zu seiner alten Form zurückzufinden, so lange er physisch dazu in der Lage ist. Ein echter Champion würde niemals sagen: »X hat mich beim letzten Mal geschlagen; deshalb bin ich ein Versager; es ist also sinnlos für mich, jemals wieder gegen X zu spielen.« Vielmehr wird er denken: »Obwohl X mich beim letzten Mal geschlagen hat, weiß ich, daß ich in der Lage bin, diesmal zu gewinnen, und ich habe vor, mein Bestes dafür zu tun, daß mir das gelingt.«

Kommen wir nun noch einmal zu unseren beiden Tennisspielern zurück. Ralf kommt zu dem Schluß, daß es sinnlos wäre, Zeit auf ein wenig zusätzliches Training zu verschwenden, weil er *weiß*, daß er sofort aus dem Turnier fliegt, sobald er einem oder mehreren wirklich guten Spielern gegenübersteht. Infolge dieser negativen Einstellung wird er tatsächlich schon in der ersten Runde von jemandem besiegt, den er selbst schon einmal mühelos besiegt hatte.

Eduard hingegen legt tatsächlich viele zusätzliche Übungsstunden ein und verbringt außerdem Zeit damit zu visualisieren, er sei beim Turnier in Hochform. Infolge seiner Bemühungen schneidet er in den ersten Runden des Turniers ausgezeichnet ab und besiegt sogar einige Spieler, die in der Vergangenheit wesentlich stärker gespielt hatten als er. Er wird das Turnier nicht unbedingt *gewinnen*, weil er nichts weiter tun kann, als so gut Tennis zu spielen, wie es seine physische Kondition erlaubt. Möglicherweise gibt es einen erfahreneren und besseren Spieler als ihn.

Ebensowenig kann Ihnen alle Visualisation der Welt garantieren, daß Sie einen Job tatsächlich bekommen, wenn Sie zu einem Bewerbungsgespräch gehen und nicht der objektiv beste Bewerber sind. Die Visualisation garantiert Ihnen nur, daß Sie sich bei dem Gespräch so gut wie möglich darstellen und daß Sie sich nicht durch Nervosität oder Mangel an Selbstvertrauen selbst die Sache verderben. Wenn es um Situationen geht, in denen es keine Konkurrenz gibt – in denen niemand »besser« sein kann als Sie –, können Sie sich natürlich sicher sein, in der betreffenden Angelegenheit Erfolg zu haben. Wenn Sie vor einer Führerscheinprüfung oder vor irgendeiner anderen Prüfung stehen, können Sie darauf vertrauen, daß Sie alles in Ihrer Macht Stehende tun werden. Wenn Sie vorher alle notwendigen Vorbereitungen getroffen haben, müssen Sie unter dieser Voraussetzung erfolgreich sein.

Nehmen Sie sich also bitte um Ihrer selbst und Ihrer Zukunft willen die Zeit, die in diesem Kapitel beschriebenen Übungen auszuführen. Es erfordert ein wenig Anstrengung – doch alles, was zu erreichen sich wirklich lohnt, erfordert Anstrengung. Sobald Sie die Übungen zu Ihrer eigenen Zufriedenheit beherrschen und sich darauf verlassen können, daß Ihre Imagination tut, was Sie Ihr auftragen, haben Sie schon mehr als die Hälfte des Weges zur Gestaltung des Lebens nach Ihren Wünschen zurückgelegt.

LICHT, KAMERA, ACTION!

Nachdem wir uns mit der Theorie und den Techniken zur Verbesserung der Imagination befaßt haben, können wir uns nun den praktischen Aspekten zuwenden.

Wie bei allen Methoden zur Verbesserung der eigenen Situation gibt es auch in diesem Fall keine »einzig richtige« Technik, an diese Dinge heranzugehen. Was ich Ihnen erklären werde, sind Techniken, deren Nutzen sich erwiesen hat; doch das bedeutet nicht, daß Sie diese nicht entsprechend Ihrer persönlichen Situation und Eigenart abwandeln könnten. Ich würde Ihnen allerdings empfehlen, sich zumindest am Anfang möglichst genau an das halten, was im Buch beschrieben wird, und erst, wenn Sie genügend Vertrauen in Ihre eigenen Fähigkeiten entwickelt haben, die Techniken so abzuwandeln, wie Ihre Intuition es Ihnen eingibt.

Um mit Hilfe der Macht Ihres Geistes Ihre Zukunft zu gestalten, benötigen Sie, anders als für eine Filmproduktion, kein Millionen-Dollar-Budget – das ist das Schöne daran. Es sind weder Kameras noch Aufnahmestudios für die Klangaufnahmen noch teure Szenenaufbauten nötig, auch keine kostspieligen Reisen, um den idealen Drehort zu finden, und man braucht auch nicht mit der ganzen Crew darauf zu warten, daß endlich die richtigen Wetterbedingungen herrschen. Drehbuchautor, Regisseur und Hauptdarsteller – diese Funktionen erfüllen Sie allesamt selbst – stellen ihre Dienste gratis zur Verfügung. Ihr Lohn sind die positiven Veränderungen, die sich in vielen Aspekten Ihres Lebens ergeben werden, und das gute Gefühl, dies selbst bewirkt zu haben.

Und abgesehen davon, daß Sie keine besondere Ausrüstung brauchen, brauchen Sie nicht einmal über besondere Fähigkeiten zu verfügen. Sie müssen lediglich Ihre Imagination einsetzen können (worüber wir bereits gesprochen haben) und in der Lage sein, sich zu entspannen. Dies werden Sie nun lernen.

Entspannung

Die Fähigkeit, sich zu entspannen, ist ein wichtiger erster Schritt auf dem Weg zum Erlernen der Visualisation. Und Entspannung ist etwas völlig anderes, als einfach nur dazusitzen und nichts zu tun; Entspannung ist eine Technik, die jeder Mensch erlernen kann. Wenn Sie sich völlig entspannen, verlangsamen Sie das Muster Ihrer Gehirnwellen und lassen zu, daß der Einklang mit Ihrem inneren Selbst sich einstellt. Sie hören dann auf, sich des Geschehens in Ihrem Körper bewußt zu sein, und befassen sich nur noch mit dem, was in Ihrem Geist vor sich geht. So wie im Kino das Licht ausgeschaltet wird, damit sich die Zuschauer ausschließlich auf den Film konzentrieren, blenden auch Sie die Außenwelt und alle ihre Ablenkungen aus. Dies ermöglicht es Ihnen, Ihre gesamte Aufmerksamkeit auf die Visualisation zu konzentrieren.

Wenn Sie die Entspannungstechniken eine Weile praktiziert haben und eine gewisse Übung darin entwickelt haben, werden Sie feststellen, daß Sie überall einen Zustand inneren Friedens erreichen können – im Flugzeug und im Zug ebenso wie in einem Raum, in dem sich viele Leute befinden. Für den Anfang sollten Sie sich die Sache jedoch so leicht wie möglich machen und Ort und Zeit für das Üben so wählen, daß Sie nicht gestört werden. Vielleicht fühlen Sie sich in Ihrem eigenen Schlafzimmer am wohlsten, wo Sie nicht mit den alltäglichen Ablenkungen des

Familienlebens sowie mit Fernsehen und Telefon konfrontiert sind. Sie brauchen nur etwa zwanzig Minuten täglich, um die Technik der Entspannung zu erlernen. Ganz gleich, welche Probleme und Sorgen Sie ansonsten bedrücken, sicherlich werden diese in der kurzen Zeitspanne von zwanzig Minuten nicht viel schlimmer werden – Sie können sie also getrost für ein paar Augenblicke vergessen und diese zwanzig Minuten zu einer ganz besonderen Zeit für sich selbst machen.

Ich werde Ihnen drei Entspannungsmethoden in allen Einzelheiten beschreiben, und Sie können dann selbst entscheiden, welche Ihnen am meisten zusagt. Doch geben Sie jeder dieser Techniken eine faire Chance; wenn Sie eine davon nur ein einziges Mal ausprobieren und dann gleich zur nächsten übergehen, können Sie nicht viel damit erreichen. Ich würde vorschlagen, daß Sie jede der drei Methoden eine Woche lang ausprobieren, bevor Sie entscheiden, welcher Sie persönlich den Vorzug geben. Natürlich können Sie auch eine eigene Technik entwickeln, möglicherweise eine Kombination von zwei oder allen drei beschriebenen Verfahren.

Vielleicht wollen Sie einfach etwas über die Techniken lesen und Sie dann ausprobieren, vielleicht möchten Sie aber auch ein paar praktische Anwendungstips bekommen. Sie können auf unterschiedliche Weise üben:

1. Sprechen Sie die Anweisungen selbst auf eine Tonkassette und spielen Sie diese dann beim Üben ab.

2. Bitten Sie einen Freund, die Anweisungen laut vorzulesen, während Sie die Übung durchführen.

3. Benutzen Sie eine der Entspannungskassetten, die heute im Handel erhältlich sind.

Entspannungsmethoden

Bei jeder der folgenden drei Methoden ist es wichtig, daß Sie sich vor Beginn der Übung in eine bequeme und angenehme Position bringen. Manche ziehen es vor, sich hinzulegen, andere sitzen lieber aufrecht. Wenn Sie sich im Liegen wohler fühlen, spielt es keine Rolle, ob Sie auf einer festen oder auf einer weichen Unterlage liegen – ob Sie sich aufs Bett oder auf den Boden legen –, vorausgesetzt, Sie sind sich sicher, daß Sie in der gewählten Position ungefähr zwanzig Minuten lang bequem verbleiben können. Wenn Sie lieber aufrecht sitzen, sollten Sie sich einen bequemen Stuhl mit einer Rückenlehne aussuchen, die hoch genug ist, um Ihrem Rücken und Ihrem Nacken eine Stütze zu bieten. Dann nehmen Sie den Telefonhörer von der Gabel, sagen allen, die im Haus oder in der Wohnung sind, daß Sie nicht gestört werden wollen – und fangen an.

Methode 1

Diese Methode ähnelt einer grundlegenden Yoga-Technik; deshalb wird sie wahrscheinlich denen, die Erfahrung mit Yoga haben, keine Schwierigkeiten bereiten.

Sobald Sie sich in Ihrer bevorzugten Sitz- oder Liegeposition befinden, schließen Sie die Augen und lassen Ihre Hände locker zu beiden Körperseiten herabhängen oder auf dem Schoß ruhen. Überkreuzen Sie nicht Ihre Füße oder Knöchel, denn dadurch wird Druck auf die Nervenendungen ausgeübt, was zur Folge haben kann, daß Sie sich schon nach kurzer Zeit nicht mehr wohl fühlen.

Spannen Sie nun die Muskeln in Ihren Füßen so fest wie möglich an, fast so, als wollten Sie sich in Schuhe zwängen, die zwei Nummern zu klein sind. Lassen Sie dann die Anspannung ganz plötzlich wieder los. Ihre Füße fühlen sich nun angenehm entspannt an. Vielleicht spüren Sie ein Gefühl der Wärme oder sogar ein »Ameisenkribbeln«, aber das ist völlig normal, und es wird sicherlich nicht so stark sein, daß Sie sich wirklich unwohl fühlen.

Spannen Sie nun die Muskeln Ihrer Unter- und Oberschenkel an, halten Sie die Anspannung ein paar Augenblicke lang aufrecht, und entspannen Sie die Muskeln dann plötzlich wieder.

Ziehen Sie als nächstes die Muskeln Ihres Rumpfs ein. Achten Sie darauf, daß dabei ein angespanntes Gefühl im Magen und im Gesäß entsteht. Lassen Sie nach einer Weile die Muskeln wieder los, so daß sich Ihr Körper schwer und angenehm entspannt anfühlt.

Nun konzentrieren Sie sich auf Ihre Hände und Arme. Ballen Sie Fäuste, und fühlen Sie die Angespanntheit Ihrer Armmuskulatur; lassen Sie dann die Anspannung los, und spüren Sie, wie sich Ihre Hände und Arme entspannen.

Zum Schluß wenden wir uns dem Bereich des Körpers zu, der gewöhnlich am angespanntesten ist – Schultern, Nacken, Kopf und der Unterkiefer. Spannen Sie Ihre Schultern an, und ziehen Sie sie nach oben. Spannen Sie den Unterkiefer an, und fühlen Sie die Spannung in Ihrem Kopf, während Sie die Stirn runzeln. Entspannen Sie dann die Schultern, und lassen Sie sie wieder schwer werden, lassen Sie die Falten von der Stirn verschwinden, und lassen Sie den Unterkiefer locker. Selbst Ihre Augenlider müßten sich jetzt schwer anfühlen.

Bleiben Sie weiterhin in der von Ihnen gewählten Sitz- oder Liegeposition, und lassen Sie den Atem sanfter und regelmäßiger werden. Verbringen Sie ein paar Augenblicke damit, dem Rhythmus Ihres Atmens zu lauschen, und lassen Sie den Atem sanft und gleichmäßig werden, bevor Sie zum nächsten Übungsteil übergehen.

Ein wenig später fangen Sie an, Ihre Imagination zu benutzen. Denken Sie noch einmal an Ihre Füße, und stellen Sie sich vor, daß diese am Ende Ihrer Beine immer schwerer und schwerer werden, fast, als wären sie aus Blei.

Lassen Sie nun, immer noch mit Hilfe Ihrer Imagination, jene Schwere langsam durch Ihre Fußgelenke am Bein hochkriechen, durch die Knie und in den Oberschenkeln aufwärts, bis sie die Hüften erreicht. Nun müßten sich Ihre Füße, Unterschenkel und Oberschenkel sehr schwer anfühlen.

Verfahren Sie ebenso mit Ihren Händen. Konzentrieren Sie sich auf sie, und stellen Sie sich vor, daß auch sie immer schwerer und schwerer werden, und lassen Sie zu, daß sich diese Empfindung durch die Handgelenke, Unterarme, Ellbogen und Oberarme bis in die Schultern ausbreitet. Nun müßten sich Ihre Arme und Hände genauso schwer anfühlen wie Ihre Beine und Füße.

Konzentrieren Sie sich als nächstes auf Ihren ganzen Rumpf, und stellen Sie sich vor, daß auch dieser Bereich schwer wie Blei wird. Obwohl Sie sich natürlich, falls irgendein Notfall eintreten sollte, sofort wieder bewegen können, sollen Sie nun versuchen, sich vorzustellen, daß es Ihnen viel zu mühsam ist, Ihren Körper zu bewegen. Lassen Sie das Gefühl der Schwere sich aufwärts in Brust und Schultern ausbreiten und dann auf die Rückseite Ihrer Schultern, in die Nackenpartie und bis über den Kopf, so daß selbst Ihre Augenlider und Ihr Oberkiefer ungeheuer schwer werden.

Bleiben Sie in dieser Position, so lange Sie wollen, und bringen Sie sich dann allmählich, wenn Ihnen die Zeit dafür gekommen zu sein scheint, wieder in einen wachen Zustand.

Methode 2

Obgleich diese Methode hauptsächlich darin besteht, die Atmung zu regulieren, ist es auch in diesem Fall wichtig, daß Sie ganz locker und entspannt in einer bequemen Position sitzen oder liegen, bevor Sie mit der Übung anfangen.

Schließen Sie die Augen, atmen Sie durch den Mund, und legen Sie Ihre Hände auf den Brustkorb, so daß Ihre Fingerspitzen einander *gerade eben* in der Mitte Ihres Körpers berühren. Atmen Sie nun tief durch die Nase ein und anschließend durch den Mund aus. Atmen Sie tief, und achten Sie darauf, wie sich Ihre Fingerspitzen voneinander entfernen, wenn Ihr Brustkorb sich beim Einatmen ausdehnt, und wie sie wieder zusammenkommen, wenn Sie ausatmen. Fahren Sie so eine Weile fort.

Fangen Sie dann an, innerlich zu zählen, während Sie ein- und ausatmen: Denken Sie »eins« bei jedem Einatmen und »zwei« bei jedem Ausatmen. Mit der Zeit soll das Zählen wichtiger werden als die Konzentration auf die Hände, die sich immer noch auf Ihrem Brustkorb befinden. Wahrscheinlich werden Sie feststellen, daß Ihr Atem im Laufe des Übens flacher wird und daß sich Ihre Hände kaum noch bewegen; das ist normal und richtig, versuchen Sie also nichts daran zu ändern.

Wenn das Atemmuster regelmäßig geworden ist, werden Sie sich des stummen Zählens weniger bewußt sein, und der langsame, regelmäßige Atem wird fast wie von selbst weiterfließen.

Während dieser Übung kann es sein, daß Ihnen ein Gedankenstrom durch den Kopf geht. Versuchen Sie nicht, die auftauchenden Gedanken zu analysieren; registrieren Sie sie nur, und lassen Sie sie wieder los. Dies ist nicht der richtige Zeitpunkt, um Entscheidungen zu treffen oder Ihre eigenen Gedanken in Frage zu stellen. Vielmehr sollen Sie sich entspannen und mit dem Fluß Ihres Atems mitgehen.

Fahren Sie mit diesem Prozeß so lange fort, wie Sie wollen, und wenn Sie die Übung beenden möchten, atmen Sie noch einmal tief, und werden Sie sich der Bewegung Ihres Brustkorbes und Ihrer Hände bewußt.

Methode 3

Vergewissern Sie sich ebenso wie bei den anderen beiden Übungen zunächst, daß Sie sich in der von Ihnen gewählten Position wohlfühlen und daß man Sie nicht stören wird.

Schließen Sie die Augen, und überprüfen Sie ein paar Minuten lang, ob sich Ihr Körper in einer bequemen Haltung befindet und ob Sie regelmäßig atmen. Erinnern Sie sich nun an ein angenehmes Ereignis oder an eine angenehme Situation aus Ihrem Leben. Es spielt keine Rolle, ob das, woran Sie sich erinnern, letzte Woche oder vor fünf Jahren passiert ist. Fangen Sie an, sich an die wichtigsten Aspekte des von Ihnen gewählten Vorfalls zu erinnern – vielleicht denken Sie zunächst darüber nach, wo das Ereignis stattgefunden hat, vielleicht auch an Ihre inneren Gefühle dabei. Lassen Sie sich Zeit, alle Details der Szene zu untersuchen. Vergegenwärtigen Sie sich so viele Einzelheiten der Umgebung und der näheren Umstände, wie Sie können – das Wetter, die beteiligten Personen, die Farben, die Klänge oder Geräusche.

Gehen Sie nun im Geist zurück zu den Ereignissen, die der gewählten Situation unmittelbar vorangegangen sind, und gehen Sie weiter zu den Dingen, die ihr folgten. Versuchen Sie nicht, zu analysieren oder zu hinterfragen, was Ihnen in den Sinn kommt, sondern genießen Sie es einfach. Sie brauchen sich nicht jedesmal, wenn Sie diese Übung durchführen, auf das gleiche Bild oder Ereignis zu konzentrieren – Sie haben die freie Wahl.

Wenn die für die Entspannungsübung festgesetzte Zeit verstrichen ist, lassen Sie die Erinnerungen allmählich verblassen und registrieren dann, wie Sie sich immer stärker Ihrer gegenwärtigen realen Situation bewußt werden – des Gefühls Ihrer Füße auf dem Boden und der Stuhllehne hinter Ihrem Rücken oder des Kissens hinter Ihrem Kopf.

Automatische Visualisation

Wenn Sie anfangen, sich in der Visualisation zu üben, wird Ihnen das meiste, was Ihnen in den Sinn kommt, automatisch einfallen – Sie werden es also nicht willentlich beeinflussen können. Unzusammenhängende Bilder werden Ihnen durch den Kopf gehen, und es mag scheinen, als hätten diese keinerlei Bedeutung für Ihr Leben oder Ihre Wünsche. Das braucht Sie nicht zu beunruhigen, denn auch dies ist ein Teil des Lernprozesses. Sie werden später lernen, Ihre Imagination zu steuern. In der Zwischenzeit sollten Sie nie versuchen, selbst die bizarrsten Bilder aus Ihrem Geist zu vertreiben; beobachten Sie sie einfach, und wandeln Sie sie dann so ab, wie es Ihnen gefällt. Schließlich sind Sie der Regisseur dieses Films, und Sie können alle Änderungen vornehmen, die Sie sich wünschen.

Weil die ersten Versuche mit positiver Visualisation häufig nur den Bereich der bildlichen Vorstellung umfassen, nicht Gefühle und Empfindungen, werden Sie vielleicht feststellen, daß Sie die sich Ihnen darbietende Szene lediglich beobachten – daß Sie sich also nicht als Bestandteil derselben fühlen. Es ist so, als würden Sie sich ein Theaterstück oder einen Film anschauen, statt selbst eine Rolle darin zu spielen. Dagegen ist nichts einzuwenden, wenn es der erste Schritt ist – dies kommt sogar recht häufig bei Menschen vor, die es nicht gewohnt sind, ihre Imagination zu benutzen. Sie müssen jedoch versuchen, der Schauspieler zu *werden*, sich in die Szene zu versetzen und darin mitzuwirken. Vielleicht müssen Sie zu Anfang ein mentales Frage-und-Antwort-Spiel zur Hilfe nehmen, damit Ihnen dies gelingt. Fragen Sie sich: »Was sehe ich? Wie fühle ich mich dabei?« und ähnliches. Wenn Ihr Intellekt Ihnen die Antworten auf diese Fragen gibt, können Sie diese Ansicht oder diese Emotion in Ihre Visualisation einbeziehen.

Weil ein so großer Teil dessen, was Sie während der ersten Phasen Ihres Übens imaginieren, sich automatisch einstellt, sollten Sie keine besondere Mühe auf den Versuch verwenden zu verstehen, was Sie beobachten. Akzeptieren Sie es, und wenn Ihre Intuition Ihnen sagt, daß es wahrscheinlich wichtig ist, können Sie Ihren Geist dabei verweilen lassen. Wenn Sie instinktiv das Gefühl haben, daß es im Augenblick keine besondere Bedeutung für Ihr Leben hat, können Sie Ihre Gedanken weiterziehen lassen. Machen Sie sich aber eine geistige Notiz darüber. Viele scheinbar zufällige Gedanken erweisen sich später als wesentlich wichtiger, als bei ihrem Auftauchen zu erkennen war. Deshalb lohnt es sich immer, sich scheinbar zusammenhanglose Dinge zu notieren.

Befreien Sie sich selbst

Glauben Sie niemals, daß Sie sich nicht verändern können. Audiokassetten, Videokassetten und Computerdisketten werden allesamt programmiert, und auf ihnen allen sind bestimmte Informationen aufgezeichnet. Doch diese Programmierung läßt sich löschen, wenn man die alte Information mit neuen Daten überschreibt. Obgleich wir alle am Anfang unseres Lebens durch Ereignisse und Menschen unserer Umgebung programmiert worden sind, ist nicht einzusehen, warum nicht auch wir jene alte Programmierung »überschreiben« und uns selbst und unser Verhalten dadurch verändern können sollten. Dazu benötigen wir keine komplizierten Maschinen, sondern nichts weiter als unseren Geist. Wenn Sie dieses Konzept einmal akzeptieren können, befreien Sie sich von all jenen Begrenzungen und Barrieren, die bisher Ihr Leben eingeengt haben.
Ein einfaches Beispiel: Eines Tages, als Donald noch ein kleiner Junge war, bat seine Mutter ihn, eine Schüssel mit

einer Süßspeise von einem Zimmer in ein anderes zu tragen. Hocherfreut darüber, daß sie ihm diese Aufgabe anvertraut hatte und daß er ihr auf diese Weise helfen durfte, machte sich Donald daran, die Schüssel ins andere Zimmer zu tragen. Doch als er den Raum betrat, stolperte er. Die Süßspeise wurde überall verspritzt, und die kostbare Porzellanschüssel zerbrach. Seine Mutter – vielleicht hatte sie einen besonders schlechten Tag – verlor die Geduld und schimpfte den kleinen Jungen wegen seiner Tollpatschigkeit aus. Wenn sie nach diesem Vorfall Donald einmal wieder etwas zum Tragen gab, sagte sie jedesmal nachdrücklich »Sei vorsichtig!« und »Paß auf, daß du es diesmal nicht wieder fallen läßt!« Natürlich wurde Donald durch diese Ermahnungen immer ängstlicher. Er wollte seine Sache so gerne gut machen, und er wollte so gerne helfen, aber er hatte so große Angst davor, noch einmal kostbares Porzellan zu zerbrechen. Durch seine Ängstlichkeit wurde er noch angespannter, und dadurch wurde die Gefahr noch größer, daß er das ihm Anvertraute beim nächsten Mal erneut fallenließ.

Schließlich kam es so weit, daß alle sagten: »Gib Donald bloß nichts zum Tragen; er ist so tollpatschig – er wird es wahrscheinlich zerbrechen.« Als Donald älter wurde, glaubte er dies selbst. Er hatte nun Angst davor, irgend etwas Kostbares zu zerbrechen, weil er sich selbst für einen Tollpatsch hielt, für jemanden, der einfach alles fallen läßt. Der Anfang dieser Geschichte war gewesen, daß er als kleiner Junge einmal etwas fallen gelassen hatte – was jedem kleinen Kind einmal passiert. Der Rest war pure Programmierung durch Menschen seiner Umgebung, die er selbst später immer wieder verstärkte.

Vielleicht hilft Ihnen diese kleine Geschichte zu erkennen, daß wir alle mehr oder weniger Opfer solcher Programmierungen geworden sind. Durch positive Visualisation jedoch sind wir in der Lage, uns umzuprogrammieren und so das Muster unseres Lebens in der Zukunft zu verändern.

Was wollen Sie?

Natürlich müssen Sie zunächst einmal herausfinden, was Sie eigentlich von der Zukunft wollen. Das ist nicht immer so einfach, wie es scheinen mag. Was wir für unsere eigenen Bedürfnisse und Wünsche halten, sind häufig Dinge, von denen wir glauben, daß wir sie wollen *sollten*. Vielleicht sind wir durch Beobachtung unserer Zeitgenossen oder durch die Bilder, mit denen die Medien uns täglich bombardieren, zu dem Schluß gekommen, daß wir genau diese Dinge brauchen oder erreichen müssen. Vielleicht verwechseln wir aber auch, was wir selbst wollen, mit dem, was andere von uns wollen. Später in diesem Buch werden Sie Tabellen finden, die Ihnen helfen sollen herauszufinden, was Sie wirklich selbst von der Zukunft erwarten.

Manchmal redet sich jemand ein, daß er gerne einen bestimmten Job haben oder einen bestimmten Beruf ausüben möchte, obgleich er tatsächlich nichts weiter tut, als die Träume und Wünsche anderer zu erfüllen. (Das bedeutet nicht, daß jene anderen Menschen nicht wirklich das Beste für ihn wollen – wobei sie allerdings möglicherweise nicht erkennen, was tatsächlich das Beste wäre.)

Gottfried war der einzige Sohn eines angesehenen Arztes. Er war ein intelligentes Bürschchen und sowohl in den akademischen Fächern als auch im Sport gut. Als er noch sehr klein war, bekam er eine Spielzeug-Doktortasche geschenkt, die alles enthielt, was ein Arzt braucht, sogar ein winziges Stethoskop. Er spielte stundenlang damit und imitierte seinen Vater. Natürlich fanden die Erwachsenen in seiner Umgebung das »reizend«, und so hörte er ständig Kommentare wie: »Ich sehe schon, es wird bald noch einen weiteren Arzt in der Familie geben« oder »Man sieht gleich, daß er in die Fußstapfen seines Vaters treten und ebenfalls Arzt werden wird.« Irgendwann war auch Gottfried selbst davon überzeugt, daß es seine wahre Berufung im Leben sei, Arzt zu werden. Seine Eltern waren natürlich hocherfreut darüber und taten alles, was sie konnten, um ihn in seinem Vorhaben zu ermutigen. Zu jedem Geburtstag und jedes Jahr zu Weihnachten bekam er »passende« Geschenke – beispielsweise ein Mikroskop oder Bücher über Biologie.

Als er fünfzehn Jahre alt wurde, hatte er bereits die für seinen Plan geeignetsten Fächer in der Schule gewählt und fing an, sich auf die Prüfungen vorzubereiten. In dieser Situation wurde Gottfried blitzartig von einer Erkenntnis getroffen: So sehr er seinen Vater und dessen Arbeit respektierte, wollte er selbst doch keinesfalls den Beruf des Arztes ergreifen. Nun befand sich der arme Gottfried in einer wirklich schwierigen Lage. Wie sollte er seinen Eltern klarmachen, daß er es sich anders überlegt hatte, wo sie doch ganz offensichtlich darauf vertrauten, daß er in die Fußstapfen seines Vaters treten würde? Das Schwierigste an der neuen Situation war, daß er nicht hätte sagen können, *was* er denn nun wollte – er konnte ihnen also keine plausible Alternative anbieten. Deshalb tat er einfach nichts und belegte weiterhin die »richtigen« Fächer, die die Voraussetzung für ein Medizinstudium waren.

Obwohl Gottfried ein intelligenter und wissenschaftlich begabter junger Mann war, der hart arbeitete, fiel er zur allgemeinen Überraschung beim Abschlußexamen durch. Nachdem dies passiert war, suchte er mich in meiner Praxis auf. Er hatte von der positiven Visualisation gehört und wollte die Technik erlernen, bevor er sich erneut zur Prüfung meldete. Gottfried hatte keine Probleme mit den einzelnen Elementen der Visualisationstechnik aber er berichtete mir, es gelinge ihm *nie*, sich vorzustellen, wie er bei der Prüfung gut abschneiden oder gar als Arzt praktizieren würde. Er wandte die Technik erfolgreich in anderen Situationen an, aber wenn es um seine Karriere als Mediziner ging, »wollten die Bilder einfach nicht kommen«.

Was war geschehen? Weil Gottfried versucht hatte, den Traum anderer, nämlich den seiner Eltern, statt seines eigenen Traums zu realisieren, und weil er wußte, daß es ihm insgeheim wiederstrebte, Arzt zu werden, hatte er keinen erfolgreichen Ausgang seiner Prüfungen visualisieren können. Wenn er wirklich entspannt war, befand er sich im Einklang mit seinem Unbewußten und mit seinem Selbst, was es ihm unmöglich machte, Bilder zu produzieren, die den Wünschen seines Selbst entgegengerichtet waren. Schließlich dachte er noch einmal über die gesamte Situation nach, wurde sich darüber klar, was er vom Leben wollte, und leitete entsprechende Veränderungen in die Wege. Er ist heute ein angesehener Kunsthistoriker und als Autor und Dozent auf dem von ihm selbst gewählten Gebiet tätig.

Zwei wichtige Punkte werden durch diesen Fall hervorgehoben:

1. Obgleich Gottfrieds Versuch zu visualisieren in gewissem Sinne als gescheitert gelten kann, ist dies in Wahrheit doch nicht der Fall. Es ist zwar nicht das dabei herausgekommen, was anfangs als das unmittelbare Ziel angesehen wurde, doch der gesamte Vorgang hat ihn in Kontakt mit seinen wahren Bedürfnissen und Wünschen gebracht – er wurde also umprogrammiert –, was zur Folge hatte, daß er anschließend den Mut entwickelte und die Intelligenz aktivierte, diesem neuen Pfad zu folgen.

2. Man sollte jedoch nicht denken, wenn ein bestimmtes Bild schwer zu kreieren ist oder wenn die Visualisation beim ersten Versuch nicht gleich perfekt ist, bedeute dies immer, daß man in die falsche Richtung schaut. Natürlich

ist das möglich, aber gewöhnlich kann man einen Erfolg nur mit Ausdauer erzielen. Mit anderen Worten: Wenn es Ihnen schwerfällt, ein bestimmtes Bild zu erzeugen, dann denken Sie nicht gleich, daß Sie etwas versuchen, das im Widerspruch zu Ihren unbewußten Wünschen steht. Es könnte auch sein, daß der Erfolg sich einfach erst nach einer Weile einstellt. Geben Sie sich also die notwendige Zeit, und üben Sie eifrig weiter.

Wie können Sie herausfinden, was genau Sie wollen? Lernen Sie, Ihrer Intuition zu vertrauen; wenn diese sich erst einmal entwickelt hat, wird sie Sie wahrscheinlich nicht mehr im Stich lassen. Und wenn Sie geübter in der Kunst der echten Entspannung und im Entdecken des inneren Friedens geworden sind, werden Sie sich auch stärker dessen bewußt, was Ihre Intuition Ihnen sagt. Der Regisseur Neil Simon sagte bei einem Interview im amerikanischen Fernsehen, er wisse immer, wann eine Szene sich »richtig anfühle«. Ganz gleich, was andere ihm sagen – und weil er so erfolgreich ist, gibt es immer eine Menge Leute, die ihm zu schmeicheln versuchen –, er verläßt sich stets in erster Linie auf seine eigene Intuition. Denken Sie daran, daß Sie selbst, wie Neil Simon, das Drehbuch zu diesem wichtigen Film schreiben und daß Sie es, falls Sie mit irgend etwas nicht völlig zufrieden sind, verändern und umschreiben können.

Fühlen und Sehen

Denken Sie stets daran: Wenn eine Visualisation Ihren Zweck erfüllen soll, müssen Sie nicht nur Bilder, sondern auch Empfindungen und Gefühle visualisieren. Auch dadurch können Sie herausfinden, was Sie wirklich wollen. Wenn Sie sich einen erfolgreichen Abschluß einer bestimmten Situation vorstellen können, fordert Ihr inneres Selbst Sie vielleicht dazu auf, sich noch einmal über Ihre wahren Hoffnungen und Wünsche klar zu werden.

Affirmationen

Manche Menschen möchten gerne Affirmationen in ihren Visualisationsprozeß einbeziehen. Dies kann sicherlich nicht schaden und wird Ihnen vielleicht sogar sehr helfen. Eine Affirmation ist nichts weiter als ein wiederholter verbaler Ausdruck Ihrer Wünsche. Vor vielen Jahren hatte Emil Coué einigen Erfolg, als er seinen Patienten auftrug, täglich Sätze wie »Jeden Tag geht es mir in jeder Hinsicht immer besser« zu wiederholen. Ob der Erfolg wirklich auf den Affirmationen oder auf dem Glauben der Patienten an ihren Mentor beruhte, wird wohl nie geklärt werden. Ich kann nur sagen, daß ich durch eigene Erfahrung über mehrere Jahre herausgefunden habe, daß Affirmationen allein nicht ausreichen, um Situationen zu einem erfolgreichen Abschluß zu bringen, aber sie können eine wertvolle Ergänzung des Visualisationsprozesses sein.

Umgang mit Negativität

Die Effektivität der früheren Programmierung kann durchaus bewirken, daß sich gelegentlich negative Bilder gewaltsam in Ihre Visualisation hineindrängen. Es gibt jedoch einfache und wirksame Methoden, mit solchen Dingen fertig zu werden. Keinesfalls sollten Sie versuchen, negative Vorstellungen gewaltsam zu vertreiben, und Sie sollten auch nicht so tun, als würden diese gar nicht existieren. Versuchen Sie, sie einzubeziehen und zu bezwingen, um sicherzustellen, daß sie keine Macht mehr haben.

Natalie suchte mich auf, kurz bevor sie ihre Führerscheinprüfung zum dritten Mal wiederholen sollte. Sie hatten achtzehn Monate lang Fahrunterricht genommen, und ihr Fahrlehrer hatte ihr versichert, daß sie eine umsichtige und kompetente Fahrerin sei. Auch Natalie selbst war davon überzeugt und hatte, wenn sie am Steuer saß, ziemlich starkes Selbstvertrauen – außer in der Fahrprüfung. Dann wurde sie so nervös und aufgeregt, daß sie nicht in der Lage war, mit der Situation auch nur irgendwie fertigzuwerden.

Nachdem ich Natalie die grundlegendsten Techniken der Entspannung und der positiven Visualisation beigebracht hatte, bat ich sie, sich entspannt und voller Selbstvertrauen die Führerscheinprüfung vorzustellen. Sie mußte die gesamte Szene visualisieren, angefangen von dem Augenblick, in dem sie sich mit dem Prüfer ins Auto setzte, bis zu dem Zeitpunkt, wo er ihr sagte, sie habe bestanden, und ihr den unterschriebenen Führerschein aushändigte. Eine Weile ging alles gut, doch etwa drei Wochen vor der Prüfung war Natalie eines Tages, als sie zu mir kam, sehr verstört. Nachdem sie eine Zeitlang erfolgreich alle Situationen visualisiert hatte, fing sie plötzlich an, sich eine Situation vorzustellen, die bedeutete, daß sie auch diesmal die Prüfung nicht bestehen würde.

Sie erzählte mir, als sie visualisiert habe, wie sie mit dem Prüfer vom Prüfungszentrum zum Auto ging, habe sie gesehen, daß zwei andere Fahrzeuge unmittelbar vor und hinter dem ihren geparkt hätten – das Prüfungsfahrzeug war so eingekeilt, daß sie es nie schaffen würde, ohne Hilfe aus der Parklücke herauszukommen. Folglich würde sie die Prüfung gar nicht erst antreten können. So sehr sie sich auch bemühte, es gelang ihr nicht, dieses Bild aus ihrer Vorstellung zu vertreiben.

Ich sagte Natalie, sie solle keinesfalls versuchen, das negative Bild aus ihrer Vorstellung zu vertreiben. Weil sie schon zweimal bei der Prüfung durchgefallen war, hatte sie die feste Vorstellung entwickelt, sie sei in diesem Bereich eine Versagerin. Mit dem Näherrücken der Prüfung meldeten sich ihre alten Ängste und Selbstzweifel wieder, und da diese es mit der erfolgreichen Visualisation, die das Ergebnis ihrer unbewußten Wünsche war, nicht aufnehmen konnten, war das einzige, was ihnen blieb, dafür zu sorgen, daß Natalie erst gar nicht mit der Prüfung beginnen konnte. So war das Bild des eingekeilten Prüfungsfahrzeuges entstanden.

Die einzige Möglichkeit, diese Art von Negativität zu überwinden, besteht darin, sie in die Visualisation zu integrieren, wobei gleichzeitig etwas getan wird, um die Probleme zu überwinden, die entstehen könnten. Ich schlug Natalie vor, sich vorzustellen, sie würde mit dem Prüfer ins Auto steigen. Er würde das Problem sofort erkennen, und weil die meisten Prüfer ebenso nett und mitfühlend wie alle anderen Menschen sind (auch wenn die wenigsten Fahrschüler dies glauben werden), würde er zwar das Fahrzeug nicht für sie ausparken, aber sie doch mit Worten aus der schwierigen Situation geleiten und diese Übung nicht als Bestandteil der Prüfung werten. Dann könnte sie in eine Parklücke an einer anderen Stelle auf der Straße einparken, und dort würde die Prüfung wirklich beginnen.

Natalie gelang es, dies in ihre Visualisation einzubeziehen. Sie brauchte es nur ein paarmal zu wiederholen, denn bald darauf tauchte das negative Bild überhaupt nicht mehr in ihrem Geist auf. Drei Wochen später erhielt ich den Telefonanruf einer glücklichen Frau, die mir mitteilte, sie habe soeben die Fahrprüfung bestanden.

Probleme

Wenn Sie anfangen, positive Visualisation zu praktizieren, können gewisse Probleme auftreten, die jedoch keineswegs unüberwindbar sind. Ich möchte sie hier erwähnen, damit Sie, falls sie bei Ihnen auftreten, darauf vorbereitet sind, und damit Sie dann nicht denken, daß Sie vielleicht irgend etwas falsch machen. (Sie *müssen* nicht zwangsläufig auftauchen!)

Ein solches »Problem« ist, daß Sie beim Üben einschlafen. Es kommt besonders bei Menschen vor, die es nicht gewöhnt sind, sich wirklich tief zu entspannen. Besonders wenn Sie gegen Abend üben, kann dies leicht passieren. Trotzdem ist der Abend meist der beste Zeitpunkt zum Üben. Nach Ansicht von Experten ist Visualisation am wirksamsten, wenn man sie entweder unmittelbar vor dem Einschlafen am Abend oder unmittelbar vor dem Aufwachen am Morgen praktiziert. Da es ziemlich unmöglich ist, im voraus festzulegen, was Sie unmittelbar vor dem Aufwachen denken werden, bleibt die Zeit unmittelbar vor dem Einschlafen als bester Zeitpunkt für die Visualisationsübung. Sollten Sie feststellen, daß Sie gelegentlich während des Übens einschlafen, so machen Sie sich deswegen keine Sorgen. Denn erstens bedeutet dies, daß Sie die Kunst der Entspannung vollkommen beherrschen, und zweitens setzt sich der Prozeß der Visualisation häufig im Unbewußten fort, auch wenn sich das Bewußtsein nicht darauf konzentriert. Und selbst wenn dies nicht der Fall ist, haben Sie morgen eine neue Chance. Alles, das zu erreichen sich lohnt, ist es auch wert, daß man dafür arbeitet.

Wenn Sie Schwierigkeiten haben, Ihren Geist vom Umherschweifen abzubringen, und wenn immer wieder zusammenhanglose Gedanken auftauchen, so setzen Sie Ihre Bemühungen einfach fort. Versuchen Sie nicht, solche Gedanken mit Gewalt zu vertreiben, und lassen Sie nicht zu, daß Gefühle der Wut und Ungeduld sich Ihrer bemächtigen – diese beiden Gefühlszustände vertreiben jedes Gefühl der Entspannung, so daß Ihre gesamte Übung am betreffenden Tag umsonst gewesen ist. Lassen Sie einfach zu, daß der unproduktive Gedanke in Ihren Geist eindringt, schauen Sie ihn sich an, sagen Sie sich, daß Sie sich später damit beschäftigen werden, und konzentrieren Sie Ihren Geist dann wieder auf das, womit Sie sich zuvor beschäftigt hatten. Ich kann Ihnen versichern, daß dies auf lange Sicht keinen Schaden anrichten wird.

Wenn sich Ergebnisse nicht so schnell einstellen, wie es Ihnen lieb wäre, so fahren Sie einfach fort mit Ihren Bemühungen. Manche Menschen stellen fest, daß sie bestimmte Veränderungen wesentlich schneller erreichen als andere. Doch machen Sie sich auch in solch einem Fall keine Sorgen: Es gibt keinen richtigen oder falschen Zeitpunkt dafür, wann eine Veränderung eintreten muß. In diesem wie in jedem anderen Bereich ist Ausdauer letztlich das Entscheidende. Auch Frederick Forsyth, der Autor des Bestsellers *Der Schakal*, mußte bei zweiundzwanzig Verlagen »Klinken putzen«, bevor er einen fand, der bereit war, das Buch zu veröffentlichen. Wäre er weniger beharrlich gewesen, so wäre uns nicht nur ein gutes Buch und ein guter Autor vorenthalten geblieben, sondern Freddie Forsyth wäre außerdem nicht so vermögend, wie er es heute ist! Und wenn er es geschafft hat, können auch Sie es schaffen. Warum sollten ausgerechnet Sie der einzige Mensch auf der ganzen Welt sein, bei dem positive Visualisation nicht funktioniert, wo sie sich bei allen, die sie erprobt haben, als so wirksam erwiesen hat?

Ein weiterer Grund für mögliche Anfangsschwierigkeiten kann sein, daß Ihr Unbewußtes Angst vor Veränderungen hat. Tatsächlich ist es ja auch wesentlich einfacher, sich an das zu halten, was Ihnen bereits zur Verfügung steht, und es zu nutzen. Sie haben im Laufe der Jahre ein Selbstbild aufgebaut, das durch alle Menschen beeinflußt worden ist, mit denen Sie jemals etwas zu tun gehabt haben, und durch jede Situation, in der Sie sich jemals befunden haben. Vielleicht unterscheidet sich das neue Selbstbild, das Sie zu kreieren versuchen, so stark von dem früheren, daß es Ihnen schwerfällt, diese Veränderung zuzulassen. Doch wenn Ihr früheres Selbstbild die Folge negativer Programmierung ist, gibt es keinen Grund, weshalb ihr zukünftiges Selbstbild nicht ebenfalls durch eine Programmierung entstehen sollte – der Unterschied liegt lediglich darin, daß diesmal Sie selbst der Programmierer sind.

Glauben Sie an sich selbst

Vor allem müssen Sie an sich selbst glauben und an die Tatsache, daß Sie es verdienen, das Beste aus Ihrem Leben zu machen. Vertrauen Sie auf Ihre Fähigkeit, die notwendigen Veränderungen – eine nach der anderen – herbeizuführen, so daß Sie sich Ihrer Zukunft erfreuen können, indem Sie zu dem Menschen werden, der Sie wirklich sein wollen.

Zu lernen, die Kraft Ihres Geistes zu nutzen und Visualisationstechniken zu praktizieren, kann Ihnen niemals irgendwelchen Schaden zufügen. Wenn Sie feststellen sollten, daß Ihr Geist Bilder aus der Vergangenheit produziert, die Ihnen nicht gefallen, haben Sie zwei Möglichkeiten. Falls Sie sich stark und entschlossen genug fühlen, sich damit auseinanderzusetzen, können Sie diese Bilder untersuchen und davon lernen. Wenn Sie sich lieber nicht damit beschäftigen wollen, können Sie sie auch einfach abschalten, indem Sie die Übungssitzung für den betreffenden Tag beenden und am folgenden Tag (oder wann immer Sie sich in der geeigneten Verfassung dazu fühlen) damit fortfahren. Denken Sie stets daran, daß Sie allein die Wahl und die völlige Kontrolle darüber haben. Deshalb kann die Technik Sie niemals verletzen; sie kann nur Ihr Leben auf jede von Ihnen gewünschte Weise verbessern.

Schritt für Schritt zur Visualisation – Zusammenfassung

1. Üben Sie sich im Gebrauch Ihrer Imagination, bis Sie auf eine für Sie zufriedenstellende Weise nicht nur Bilder in Ihrem Geist zu sehen vermögen, sondern auch die damit einhergehenden Emotionen erfahren.

2. Lernen Sie, sich zu entspannen. Üben Sie alle aufgeführten Methoden, bis Sie herausgefunden haben, welche Ihnen am besten liegt.

3. Finden Sie heraus, was Sie von Ihrem Leben erwarten und welche Veränderungen Sie bei sich selbst erreichen wollen. Versuchen Sie Ihren eigenen Wünschen zu folgen, nicht dem, wovon Sie glauben, daß andere Menschen es von Ihnen erwarten. Lassen Sie sich von Ihrer Intuition leiten.

4. Denken Sie daran, in die Visualisation alle Ihre Sinne und Emotionen einzubeziehen. Affirmationen können als zusätzliche Form der Verstärkung nützlich sein, doch sie allein reichen nicht aus.

5. Falls negative Gedanken oder Bilder in Ihren Geist eindringen, betrachten Sie sie, und lassen Sie sie wieder davonziehen. Setzen Sie nicht die Entspannung aufs Spiel, indem Sie versuchen, jene negativen Bilder gewaltsam zu vertreiben.

6. Machen Sie sich keine Vorwürfe, wenn Sie beim Üben einschlafen – das ist nichts weiter als ein Hinweis darauf, wie gut Sie sich zu entspannen vermögen. Versuchen Sie es morgen erneut.

7. Seien Sie geduldig; nichts, das der Mühe wert ist, ist jemals über Nacht erreicht worden. Üben Sie geduldig weiter, dann werden Sie, wenn Sie in die richtige Richtung gehen, zwangsläufig Fortschritte erzielen.

8. Fürchten Sie sich niemals davor, sich selbst oder Ihr Leben zu verändern. Selbst wenn Sie fest an die Reinkarnation glauben, werden Sie als Individuum nur dieses eine Mal auf der Erde weilen. Sie haben das Beste verdient, und Sie müssen an sich selbst glauben und erkennen, daß Sie die Fähigkeit haben, erfolgreich zu sein.

9. Denken Sie daran, daß Sie immer die Kontrolle über die Situation haben. Und falls schmerzhafte Erinnerungen auftauchen, über die Sie nicht nachdenken möchten, brauchen Sie nichts weiter zu tun, als die Übungssitzung zu beenden und es am folgenden Tag erneut zu versuchen.

10. Empfinden Sie echtes Vergnügen dabei, sich auf jede von Ihnen gewählte Weise zu verändern. Stellen Sie sich jene neue Person vor, die Sie sein werden, und alles, was Sie erreichen werden, ganz gleich, ob diese Ergebnisse der Allgemeinheit groß oder geringfügig erscheinen.

DENKEN SIE SICH GESUND

Heutzutage wird in immer größeren Kreisen akzeptiert, daß unser mentaler Zustand eine starke Auswirkung auf unsere körperliche Gesundheit hat. Natürlich kann diese Auswirkung sowohl positiv als auch negativ sein. Beispielsweise gilt es als erwiesen, daß ein Mensch, der unglücklich oder deprimiert ist, wesentlich leichter an einer Erkältung erkrankt als jemand, der mit seinem Leben zufrieden ist.

Und wo wir gerade bei den Erkältungen sind: Sie werden überall Menschen finden, die stolz von sich behaupten: »Ich bekomme niemals Erkältungen« – und das ist tatsächlich so. Nun kommen diese Menschen mit der gleichen Anzahl von Krankheitskeimen und Viren in Kontakt wie jeder andere Mensch, falls sie nicht ein sehr isoliertes Leben führen. Warum husten und niesen sie dann nicht wie alle anderen, und warum stellen sich bei ihnen nicht all die typischen Symptome einer Erkältung ein? Die Antwort auf diese Frage lautet: Sie *wissen*, daß sie keine Erkältung bekommen werden, und dieses Wissen stärkt ihr Immunsystem in einem Maße, daß ihr Glauben Realität wird.

Das gleiche Prinzip funktioniert auch umgekehrt. Wir alle haben schon Menschen kennengelernt, die von sich sagen: »Ich muß ziemlich anfällig sein. Wenn irgendwo eine Erkältung oder ein Grippe-Erreger lauert, fange ich ihn mit Sicherheit ein.« Und tatsächlich ist das so. Sie verbringen einen großen Teil des Winters (und häufig auch des Sommers) mit verstopfter Nase, triefenden Augen und einem Brummschädel.

Was genau aber bedeutet es, wenn jemand von sich behauptet, er sei »anfällig«? Es bedeutet, daß das Immunsystem des Betreffenden nicht effektiv arbeitet – und diesen Zustand kann man sehr wirksam durch positive Visualisation beheben.

Ich möchte hier keineswegs den Eindruck erwecken, daß Visualisation alle Ärzte, Chirurgen und Therapeuten mit sofortiger Wirkung überflüssig macht. Keineswegs. Visualisation *kann* jedoch mit anderen Formen der Behandlung Hand in Hand arbeiten, indem sie deren Wirkung verstärkt und es dem Patienten ermöglicht, an seiner eigenen Genesung mitzuarbeiten. Was in diesem Kapitel steht, werden Sie wahrscheinlich nur dann voll nutzen können, wenn Sie zuvor einen geeigneten Experten konsultiert haben, der Ihnen genau sagt, was bei Ihnen nicht in Ordnung ist. Natürlich kann man in gewissen Fällen auch selbst eine Diagnose stellen, doch ist dies häufig nicht ratsam, weil dem Patienten oft das nötige Wissen über die Funktionsweise seines Körpers fehlt und er sich außerdem oft in einem Zustand der Mutlosigkeit befindet, was es ihm noch schwerer macht, seinen Symptomen gegenüber objektiv zu sein.

Die erfolgreichste Form der Behandlung sowohl in der orthodoxen als auch in der »alternativen« Medizin ist diejenige, die sich holistisch um das Wohl des Patienten kümmert. Das bedeutet, daß der Patient als Ganzheit behandelt wird – im Gegensatz zur reinen Symptombehandlung. Es ist sinnlos, jemandem eine Pille zu geben, die einen Schmerz in einem Teil des Körpers beseitigt, wenn dies nur zur Folge hat, daß dann ein anderer Körperteil schmerzt.

Umgang mit Schmerz

Im Bereich der Schmerzbekämpfung müssen wir sehr, sehr vorsichtig sein. Es ist nicht schwierig, mit Hilfe der Kraft des Geistes Schmerz aufzulösen – es kann aber gefährlich sein. Schmerz tritt nie ohne Grund auf. Wenn man Schmerz beseitigt, beseitigt man damit ein Warnzeichen, einen Hinweis darauf, daß im Körper irgend etwas nicht in Ordnung ist. Kopfschmerzen zum Beispiel können einfach durch Streß und Anspannung entstehen. Sie können aber auch auf Probleme mit den Augen hinweisen oder gar ein frühes Warnzeichen für einen Gehirntumor sein. Deshalb ist es wichtig herauszufinden, worin das Problem besteht.

Nur in den drei folgenden Fällen kann ich Ihnen empfehlen, physischen Schmerz mit Hilfe von Visualisation zu lindern:

1. Wenn Sie die Ursache kennen, diese behandelt wird, und der Arzt Ihnen bestätigt hat, daß Sie sich wahrscheinlich keinen Schaden zufügen, indem Sie versuchen, den Schmerz zu beseitigen. Wenn Sie sich beispielsweise ein Handgelenk verstaucht haben und frühzeitiges Beseitigen des Schmerzes zur Folge hätte, daß Sie das Gelenk wieder benutzen würden, bevor die Verstauchung abgeklungen ist, können Sie sich sogar noch größeren Schaden zufügen. Als Beispiel für ein sinnvolles Vorgehen gegen Schmerz möchte ich das eines Geschäftsmannes anführen, eines meiner Patienten, der mich wegen ständiger Rückenschmerzen aufsuchte. Er war bei seinem Arzt gewesen, und dieser hatte eine dauerhafte Versteifung von Teilen der Wirbelsäule diagnostiziert. Es gab keine Möglichkeit, die Situation dieses Patienten durch schulmedizinische Methoden zu verbessern, und er wollte nicht sein weiteres Leben lang unentwegt Pillen einnehmen, um die ständigen

Schmerzen zu lindern. Er sagte mir, tagsüber käme er ganz gut mit seinem Zustand zurecht, doch nachts falle es ihm sehr schwer zu schlafen, weil er infolge der Schmerzen immer wieder aufwache. Dadurch wiederum wurde er immer müder und hatte Schwierigkeiten, sich auf seine Arbeit zu konzentrieren. Nachdem der Arzt seine Zustimmung gegeben hatte, brachte ich dem Patienten bei, mit Hilfe von Visualisation seine Schmerzen zu lindern. (Die Methode wird später in diesem Kapitel beschrieben.) Er wendete diese Methode fortan jeden Abend an und konnte seither gut schlafen.

2. Wenn eine gründliche medizinische Untersuchung durch einen Arzt oder einen Spezialisten ergeben hat, daß es keinerlei physischen Grund für den Schmerz gibt – daß es sich also um einen psychosomatischen Effekt oder um das Symptom für einen Angstzustand handeln muß. In solchen Fällen ist es relativ ungefährlich, den Schmerz mit Hilfe positiver Visualisation zu beseitigen. Dies trägt jedoch nicht zur Überwindung des emotionalen Problems bei, das den Schmerz verursacht hat. Deshalb sollte man in solchen Fällen gleichzeitig versuchen, mit Hilfe eines Therapeuten die Ursache für den Angstzustand aufzudecken und zu behandeln.

3. Wenn Ihnen klar ist und Sie genau wissen, daß Sie in letzter Zeit starkem Druck ausgesetzt waren und daß der Schmerz, den Sie verspüren, durch die geistige Anspannung entstanden ist, die sich auf Ihren Körper übertragen hat.

Um herauszufinden, ob Streß die Ursache für Ihren Schmerz ist oder nicht, können Sie die folgende Tabelle benutzen. Es handelt sich dabei um eine Liste von Veränderungen in der Lebensweise, von denen als erwiesen gilt, daß sie die physische Gesundheit negativ beeinflussen können.

Neben jedem aufgeführten Ereignis sehen Sie einen Punktwert. Lesen Sie diese Liste der möglichen Veränderungen durch, und stellen Sie fest, ob irgend etwas davon im Verlauf der letzten sechs Monate in Ihrem Leben vorgefallen ist. Addieren Sie anschließend die Punktwerte der Positionen, die Sie angekreuzt haben. Wenn die Summe für einen Zeitraum von sechs Monaten über 300 liegt, besteht eine hohe Wahrscheinlichkeit (80 Prozent), daß Schmerzen oder schwere Erkrankungen auftreten. Bei einer Summe von 150 bis zu 300 Punkten leiden 50 Prozent der Betroffenen unter streßbedingten Schmerzen oder erkranken. Liegt die Summe unter 150, so treten bei 30 Prozent der Betroffenen Schmerzen oder eine Krankheit auf.

VERÄNDERUNGEN IN DER LEBENSWEISE	PUNKTEWERT
Tod des Ehemanns oder der Ehefrau	100
Scheidung	73
Trennung vom Ehepartner	65
Gefängnisstrafe oder Einweisung in die Psychiatrie	63
Tod eines nahen Verwandten	63
Krankheit oder Verletzung	53
Heirat	50
Verlust der Arbeitsstelle	47
Aussöhnung mit dem Ehepartner	45
Pensionierung	45
Erkrankung naher Verwandter	44
Schwangerschaft	40
sexuelle Probleme	39
Vergrößerung der Familie	39
Erhebliche Veränderung der Arbeitssituation	39
Veränderung der finanziellen Situation	39
Tod eines Freundes	37
Veränderung der Art der Arbeit	36
Veränderung in der Häufigkeit der ehelichen Streitigkeiten	35
hohe Hypothek	31
Hypothek wird für verfallen erklärt	30
Veränderung der Verantwortung	29
Kind verläßt das Elternhaus	29

Wie man Schmerz beseitigen kann

(nachdem feststeht, daß es unschädlich ist, dies zu tun)

Eine Kombination aus Entspannung und Visualisation ist sehr wirksam bei der Behandlung von Schmerz – häufig werden Sie sogar feststellen, daß schon die Entspannung allein ausreicht. Entspannung verringert die Anspannung der Muskeln im Körper, wodurch der Schmerz gelindert wird. Beim Auftreten von Schmerz neigt man dazu, den schmerzenden Bereich anzuspannen, wodurch der Schmerz allerdings noch stärker wird. Das tun zum Beispiel oft Frauen, die unter Menstruationsschmerzen leiden. Sehr häufig wird diese Anspannung verringert, wenn der Schmerz nachläßt, was man entweder durch Entspannungsübungen oder durch Wärmebehandlung erreichen kann. Wenn Sie also Schmerzen haben, insbesonders solche, die durch Streß entstanden sind, können Sie diese häufig durch dreimaliges tägliches Praktizieren von Entspannungsübungen auflösen.

Es gibt zahlreiche Visualisationstechniken, die sich zur Linderung von Schmerzen eignen. Ich werde hier nur ein paar beschreiben, die mir bekannte Personen erfolgreich angewandt haben. Sie können aber auch durch Experimentieren Bilder finden, die speziell bei *Ihnen* besonders gut wirken.

Die warme Dusche

Nehmen Sie eine bequeme Sitz- oder Liegeposition ein. Schließen Sie die Augen, und versuchen Sie ein paar Minuten lang, sich so gut wie möglich zu entspannen. Stellen Sie sich nun vor, Sie würden unter einer warmen, sanften Dusche stehen. Während das warme Wasser über Sie rieselt und zu Boden fällt, nimmt es allen Schmerz mit sich, den Sie empfunden haben, und wäscht ihn ab. Nehmen Sie sich Zeit für diese Übung, und visualisieren Sie den Prozeß so detailliert wie möglich. Weil das warme Wasser zuerst Ihren Kopf berührt, stellen Sie sich vor, daß nach und nach Ihr gesamter Körper vom Kopf aus abwärts warm und frei von Schmerz wird, bis Sie schließlich bei Ihren Füßen und Zehen angelangt sind. Auch wenn Sie bereits das Gefühl haben, daß der Schmerz vollständig weggewaschen ist, sollten Sie noch einige Zeit in Ihrer imaginären Dusche verbringen und die wohltätige Wirkung des angenehm warmen Wasser auf Ihrem Körper empfinden.

Zumindest einer meiner Patientinnen ist die Vorstellung angenehm, in der Sonne zu stehen, weshalb ihre »warme Dusche« eine Dusche aus Sonnenlicht ist; bei ihr sind es die Strahlen der Sonne, die über ihr Gesicht waschen und sie von Spannungen und Schmerzen befreien.

Wie man leblose Objekte nutzen kann
Wählen Sie ein festes und stabiles Objekt – vielleicht ein
Tischbein oder eine Stuhllehne. Setzen Sie sich in die Nähe
dieses Objekts und halten Sie sich daran fest. Schließen Sie
die Augen, und lassen Sie Ihren Atem langsam und gleichmäßig strömen. Fangen Sie dann ganz allmählich an, sich
vorzustellen, daß Ihr Schmerz den Bereich, in dem er
aufgetreten ist, verläßt, durch den Arm abwärts in die
Fingerspitzen verlagert wird und von dort auf das gewählte
Objekt übergeht. Sobald Sie das Gefühl haben, daß Sie frei
von Schmerz sind, behalten Sie die gewählte Position bei
und stellen sich vor, daß ein Wohlgefühl Ihren Körper
durchfließt und den zuvor schmerzenden Bereich erfüllt.

(Warnung: Diese Methode ist für besonders weichher-
zige und mitfühlende Menschen nicht geeignet. Eine meiner Patientinnen mußte aufhören, sie zu benutzen, weil sie
den Gedanken an all die schmerzenden Tischbeine in ihrer
Wohnung nicht mehr ertragen konnte!)

Atmen Sie den Schmerz aus
Entspannen Sie sich mit geschlossenen Augen in der für Sie
bequemsten Sitz- oder Liegeposition. Versuchen Sie, Ihrer
Atmung einen langsamen und regelmäßigen Rhythmus zu
geben, und zählen Sie innerlich Ihre Atemzüge, falls Sie das
als hilfreich empfinden. Visualisieren Sie nun, daß Sie sau-
bere, weiße Luft einatmen, und lassen Sie diese Luft Ihre
Lunge und Ihren ganzen Körper erfüllen. Beim Ausatmen
durch den Mund visualisieren Sie, daß dunkle, schwarze,
schmerzende Luft aus Ihrem Körper ausgestoßen wird.
Vielleicht ist es eine zusätzliche Hilfe, wenn Sie nicht
einfach ausatmen, sondern die Luft regelrecht ausstoßen –
auf diese Weise unternehmen Sie eine deutlichere Anstrengung, Ihren Körper vom Schmerz zu befreien. Ebenso wie
bei den zuvor beschriebenen Methoden ist es auch bei
dieser wichtig, mit der Visualisation fortzufahren, bis Sie

sich vorstellen können, daß die Luft, die Sie ausstoßen, ebenso rein ist wie diejenige, die Sie einatmen.

Ziehen Sie Ihren Schmerz aus
Diese Übung ist wahrscheinlich für einen Anfänger ziemlich schwierig, aber wenn man Sie einmal beherrscht, ist sie sehr wirksam. Sie wurde von einem Mann benutzt, der unter einer Versteifung von Teilen der Wirbelsäule litt, sowie von einem tapferen jungen Mann, der im Krankenhaus lag und sich entschlossen hatte, ohne Schmerzmittel auszukommen, weil diese bei ihm sehr unangenehme Nebenwirkungen verursachten.

So wie Sie mit einem Mantel Ihren physischen Körper bedecken, können Sie sich auch Ihren Schmerz als eine Art »inneren Mantel« vorstellen. Nachdem Sie die vorbereitenden Entspannungsübungen ausgeführt haben, visualisieren Sie, daß Sie jenen »inneren Mantel« ausziehen und ihn auf den Boden werfen oder ihn, wie jener Mann im Krankenhaus es zu tun pflegte, an einen Kleiderhaken an der gegenüberliegenden Wand hängen. Er sagte, auf diese Weise könne er »ihn im Auge behalten« und wisse stets, »wo er sei«.

Verantwortung übernehmen

Gesundheit ist ein wahrhaft kostbares Gut, das man nicht als Selbstverständlichkeit ansehen sollte. Jeder von uns hat die Pflicht, Verantwortung für die eigene Gesundheit zu übernehmen. Wenn wir das Glück haben, fit und gesund zu sein, so ist es unsere Pflicht uns selbst gegenüber, diesen Zustand zu erhalten. Wenn wir an einer Störung der Gesundheit leiden oder wenn wir uns auch nur im Augenblick ein wenig »ausgelaugt« oder »abgespannt« fühlen, müssen wir alles daran setzen, unsere Situation zu verbessern.

Positive Visualisation kann uns in beider Hinsicht helfen, doch sollte man niemals meinen, daß man es dabei belassen kann. Ein Mensch, der behauptet, sich als gesund zu visualisieren, und der sich dann einfach zurücklehnt und darauf wartet, daß ein Wunder geschieht, ist ein Narr. Es kann sein, daß bei dem Betreffenden eine medizinische Behandlung notwendig ist – eine schulmedizinische oder eine andere; es kann auch sein, daß er seine Ernährung oder seine Lebensweise verändern muß. Entspannung und Imagination können eine wichtige Rolle bei der Überwindung gesundheitlicher Probleme spielen, doch vergessen Sie nicht Ihren gesunden Menschenverstand, und unternehmen Sie außerdem selbst positive Anstrengungen.

Falls Sie häufiger unter gesundheitlichen Störungen leiden, sollten Sie sich vielleicht einmal die folgenden Fragen stellen:

Wirkt sich meine Lebensweise positiv auf meine Gesundheit aus?

Niemand sagt, daß Sie Ihr Leben einer strengen Disziplin unterwerfen müssen. Nur sehr wenige Menschen sind in der Lage, ohne jede Abweichung einer »vernünftigen« Ernährung, einem »vernünftigem« Trainingsprogramm und einer »vernünftigen« Lebensweise zu folgen – wie langweilig wäre unser Leben, wenn wir so leben würden! Ein wenig »Ungesundes« ist relativ unschädlich, doch sollte man in jedem Fall dafür sorgen, daß man genügend Vitamine und Mineralien zu sich nimmt, genügend schläft und ähnlich grundlegende Bedürfnisse erfüllt. Dies gilt in verstärktem Maße für Zeiten, in denen der Gesundheitszustand nicht so blendend ist, insbesondere, wenn dies immer häufiger vorkommt.

Bin oder war ich zu großem Streß ausgesetzt?

Den größten Streß erzeugen wir oft selbst. Ob wir zulassen, daß der tägliche Verkehrsstau, das Kind, das am Morgen nicht aufstehen will, oder die zum Trocknen aufgehängte Wäsche, die durch den Regen wieder naß geworden ist, uns unter Streß und Druck setzt, liegt weitgehend an uns. Auf andere Streß verursachende Situationen haben wir weniger Einfluß – beispielsweise auf den Tod eines geliebten Menschen oder auf das Steigen der Hypothekenzinsen. Doch auch wenn Sie vielleicht nichts an der Tatsache ändern können, daß Streß entsteht, können Sie doch seine potentiell nachteiligen Auswirkungen verringern. Entspannungsübungen können bei Gefühlen der Anspannung, bei Schmerzen im Nacken- und Schulterbereich oder bei streßbedingten Kopfschmerzen Wunder wirken.

Habe ich selbst dazu beigetragen, daß meine
Gesundheit gestört ist?
Abgesehen davon, daß wir durch gewisse Verhaltensweisen offensichtlich zur Entstehung von Krankheiten beitragen, scheinen einige Menschen leichter zu erkranken als andere.

Denken Sie beispielsweise an Menschen, die sich immer zuerst um die Angelegenheiten anderer kümmern. Das erscheint zwar auf den ersten Blick als positive Eigenschaft, doch steckt häufig etwas dahinter, das keineswegs so positiv ist. Ich spreche hier nicht von der normale Fürsorge, die wir uns Nahestehenden bezeugen, und auch nicht von jenen Tapferen, die sich beispielsweise in brennende Gebäude stürzen und ihr eigenes Leben aufs Spiel setzen, um andere zu retten. Ich meine vielmehr diejenigen, die sich selbst zu Märtyrern und Sklaven machen und deren gesamtes Leben darin besteht zu tun, was andere wollen. Zwar haben sie diese Art zu leben frei gewählt, doch entwickeln sich in ihrem Inneren häufig starke Wutgefühle. Außerdem ist es gewöhnlich ein bestimmter Persönlichkeitstyp, der nicht gut für sich selbst sorgt (das ist übrigens häufiger bei Frauen als bei Männern der Fall). Solche Menschen glauben oft, sie hätten nicht den geringsten eigenen Wert, wenn sie nicht für andere Sklavendienste leisten würden.

Eine meiner Patientinnen, eine Frau mittleren Alters, hätte recht attraktiv sein können, wenn Sie sich ein wenig Mühe gegeben hätte. Ihr Haar war sauber, aber zerzaust; sie kleidete sich praktisch und vernünftig, und sie trug kein Make-up. Sie war eigentlich zu mir gekommen, weil sie sich eine Grippe nach der anderen einfing, obwohl ihr Arzt kein Anzeichen für eine schwerwiegende Gesundheitsstörung entdecken konnte. Obwohl die Familie finanziell recht gut gestellt war, hatte diese Frau (ich werde sie Grete nennen) weder eine Hilfe für den Haushalt noch für ihren ziemlich großen Garten. Ihr Ehemann verließ das Haus früh morgens, und Grete stand immer mit ihm auf, um ihm das Frühstück zu machen. Anschließend war es Zeit, Schulbrote für die Kinder zu machen – die »Kinder« waren übrigens um die fünfzehn Jahre alt und somit durchaus in der Lage, dies selbst zu tun. Danach bestand ihr Tagesablauf darin, einzukaufen, zu putzen, zu kochen und die Sonderwünsche der einzelnen Familienmitglieder zu erfüllen. Sohn Nummer eins wollte ein Glas Tee haben, wenn er aus der Schule kam, Sohn Nummer zwei wollte lieber zuerst die Schularbeiten erledigen. Ihre Tochter zog es vor, in ihrem Zimmer zu essen und dabei Musik zu hören. Der Ehemann bevorzugte ein »gepflegtes« Essen, ohne dabei von »der Jugend« gestört zu werden – und weil es ihm nun einmal zu einer lieben Gewohnheit geworden war, sich, wenn er nach Hause kam, zunächst bei einem Glas Whisky zu entspannen, aß er nicht vor neun Uhr abends. Weil die Frau sich widerspruchslos all diese Sonderwünsche hatte aufhalsen lassen, kümmerte sich niemand in der Familie um ihr Wohl, bis sie krank wurde. (Ob ihr Mann und ihre Kinder sich dann um sie kümmerten, weil sie sich Sorgen

um sie machten, oder nur, weil sie ihre gewohnte Bequem-
lichkeit vermißten, weiß ich nicht.) Die Folge war, daß
Grete immer häufiger krank wurde.

Nun waren diese Erkrankungen durchaus real, doch
einiges deutete darauf hin, daß Gretes Unbewußtes eigentlich erreichen wollte, daß sie verwöhnt und umsorgt würde
– so sehr sie auch protestieren mochte, sie habe keine Zeit
für solches Getue. Erst als ihr klar geworden war, daß sie
sich selbst schadete, indem sie ihrer Familie jeden Wunsch
von den Lippen ablas und sich so zur Sklavin der Familie
machte, gelang es ihr, ihr Leben so zu gestalten, wie es für
sie selbst gut war. Natürlich kümmerte sie sich auch weiterhin um ihre Kinder und ihren Ehemann, aber nicht
mehr so selbstaufopfernd. Die Familie gewöhnte sich nach
anfänglichen Protesten schnell an die neue Situation. Wir
arbeiteten dann gemeinsam daran, ihr Bild von sich selbst
zu verbessern und ihre Selbstachtung zu stärken. Die häufigen Grippeerkrankungen haben seitdem aufgehört.

Andere Menschen unterdrücken ihr Leben lang ihre
Gefühle. Obwohl sie häufig extrem sensibel sind, haben sie
aus irgendeinem Grunde – oft aufgrund von elterlichem
Einfluß – große Schwierigkeiten, tiefe Emotionen zu äußern oder mit anderen auf dieser Ebene zu kommunizie-
ren. Nur wenn es ihnen gesundheitlich schlecht geht, kann
man sie so behandeln, wie das kleine Kind in ihrem Inneren
gerne behandelt werden möchte. Jemand packt sie mit
einem heißen Getränk ins Bett; ihre heiße Stirn wird ge-
kühlt, und man spricht auf liebevolle, fürsorgliche Weise
mit ihnen. Kranksein ist für solche Menschen die einzige
Möglichkeit, äußere Zeichen von Liebe und Zuneigung zu
empfangen. Vielleicht wurde speziell für sie der Ausdruck
»die Krankheit genießen« geprägt.

Sehen und Glauben

Wenn Sie mit Hilfe der Visualisation Ihre Gesundheit verbessern wollen, müssen Sie mehr tun, als sich nur ein mentales Bild davon zu machen, wie sie wieder gesund werden. Sie müssen *glauben*, daß Ihr Unbewußtes eine wichtige Rolle in diesem Prozeß spielen kann. Sie müssen *erwarten*, daß Sie wieder gesund werden.

Der Heilungsprozeß

Der Prozeß der Heilung durch Visualisation umfaßt mehrere Stufen, ganz gleich, an welcher Art von Erkrankung der Patient leidet:

1. Entspannung: Sie haben diese wichtige Technik bereits erlernt. Sie beinhaltet mehr als nur eine vorbereitende Übung für erfolgreiche Visualisation – sie hat einen definitiven Eigenwert.

a) Entspannung bringt Sie in Verbindung mit Ihrem Unbewußten. Dadurch wird es der Imagination ermöglicht, ihre Funktion zu erfüllen, ohne durch intellektuelle Zweifel und Fragen gestört zu werden.

b) Indem Sie Ihre Muskeln entspannen, lindern Sie den Schmerz schon, bevor Sie überhaupt anfangen, mit der Visualisationstechnik zu arbeiten.

c) Entspannung verringert außerdem Angst. Denken Sie einmal daran, was geschieht, wenn Sie sich vor etwas fürchten. Sie werden angespannt und verhärten sich, mental ebenso wie körperlich. Durch Entspannungsübungen können Sie sich aus diesem Zustand befreien, was wiederum Besorgnis und Panikgefühle verringert. Dies gilt sowohl für die begreiflichen Ängste eines Krebskranken als auch für die eines Patienten vor dem Zahnarztbesuch.

2. Visualisieren Sie Ihren Schmerz oder Ihre Krankheit. Es ist im Grunde nicht wichtig, ob Sie dies buchstäblich oder symbolisch tun. Manche Menschen möchten, daß man ihnen eine Röntgenaufnahme oder ein exaktes Diagramm ihres Problems zeigt, wogegen andere die Krankheit beispielsweise als einen Drachen oder einen Wolf mit langen Fangzähnen visualisieren. Wichtig ist in jedem Fall, daß *Sie* es sind, der die Wahl trifft. Verlassen Sie sich nicht auf ein Bild, das jemand anders Ihnen vorgeschlagen hat. Denn erstens wirkt dieses bei Ihnen wahrscheinlich nicht so gut, und zweitens bringen Sie auf diese Weise zum Ausdruck, daß Sie nicht bereit sind, Verantwortung für Ihre eigene Genesung zu übernehmen.

3. Visualisieren Sie, daß die Behandlung, der Sie sich unterziehen, wirksam und erfolgreich ist. Stellen Sie sich vor, daß sie das aktuelle Problem verringert und gleichzeitig Ihr Immunsystem stärkt. Auf diese Weise teilen Sie die Verantwortung, die Sie persönlich für Ihre Gesundheit haben, mit jenen erfahrenen professionellen Helfern, in deren Obhut Sie sich begeben haben.

4. Nachdem Sie sich vorgestellt haben, daß der Schmerz oder die Krankheit sich aufgelöst hat, visualisieren Sie als nächstes, daß Gesundheit in Ihren Körer strömt. Die zerstreuten negativen Bilder werden also durch positive ersetzt.

5. Visualisieren Sie sich nun als gesund, ohne Schmerz, ohne Unbehagen, frei von Krankheit. Nichts kann Sie daran hindern, ein erfülltes und glückliches Leben nach Ihren eigenen Vorstellungen zu führen. Vergessen Sie in diesem Teil des Übungsprozesses auch nicht, das Gefühl der Freude zu erleben, das solches Wohlsein mit sich bringt.

6. Vergegenwärtigen Sie sich, daß Sie eine wichtige Rolle bei Ihrer eigenen Genesung gespielt haben, und zollen Sie sich selbst Anerkennung dafür. Das behobene Problem ist

nun vermutlich für immer gebannt, und Ihr Unbewußtes wird in Zukunft in der Lage sein, die Verantwortung für Ihre Gesundheit zu übernehmen.

Arthur litt an einem schmerzhaften Magengeschwür. Es brauchte zwar nicht operiert zu werden, bereitete ihm aber starke Beschwerden, obwohl er sorgsam darauf achtete, sich gesund zu ernähren. Er entschied sich dafür, sein Problem auf folgende Weise zu visualisieren: Er stellt sich sein Geschwür als einen Raum mit untapezierten roten, unverputzten Wänden vor. Seine derzeitige Behandlung (mit säureneutralisierenden Mitteln) stellte er sich als Verputz vor, mit dem die Risse in den Wänden ausgefüllt wurden, so daß eine glatte Oberfläche entstand. Als nächstes visualisierte er, daß er diese neu verputzten Wände mit reiner weißer Farbe strich; dadurch bekamen die Wände eine kühle Oberfläche, die sich glatt anfühlte. Dann wurde der ganze Schutt, den der »Verputzer« und der »Anstreicher« zurückgelassen hatten, zusammengefegt und entfernt. Schließlich war Arthur in der Lage, sich selbst als gesund zu visualisieren, nicht mehr von den schmerzhaften Symptomen geplagt, unter denen er zuvor gelitten hatte. Er hielt es sich außerdem zugute, daß er sich die Zeit genommen und die Mühe gemacht hatte, sich mit dem Problem auseinanderzusetzen.

Einige Beispiele für visuelle Bilder

Wenn Sie die Verantwortung für Ihre Genesung übernehmen wollen, so müssen Sie selbst ein Bild wählen, das Sie für die Visualisation benutzen wollen. Die folgenden Beispiele sind erfolgreich eingesetzt worden, aber sie sind keinesfalls die »einzig richtigen« Bilder für ein bestimmtes Problem. Sie können sie gerne ausprobieren, aber vergessen Sie nicht, daß Sie ein Mensch mit einem eigenständigen Geist und mit einer eigenständigen Imagination sind und daß es Ihre Sache ist, das Bild zu finden, das für Sie am besten geeignet ist. (Natürlich sollten Sie das so gefundene Bild im Rahmen der weiter oben beschriebenen vollständigen Methode anwenden.)

Kopfschmerzen (insbesondere Spannungskopfschmerzen)
Visualisieren Sie liegend mit geschlossenen Augen ein Stück rosafarbenes Eis im Zentrum Ihrer Stirn. Stellen Sie sich vor, wie die Wärme Ihrer Haut das Eis ganz langsam zum Schmelzen bringt. Während die äußeren Kanten des Eisstücks sich in Wasser verwandeln, sollen Sie sehen und *fühlen*, wie die rosafarbene Flüssigkeit den gesamten Bereich der Stirn und rund um die Augen bedeckt. Stellen Sie sich auch vor, wie das Gefühl der Kühle Ihren Kopf durchdringt und die Temperatur im Inneren senkt – wodurch der ganze Kopf, der Bereich hinter den Augen und der Nackenbereich beruhigt wird.

Herzklopfen, Angstanfälle
Stellen Sie sich vor, Sie gehen in einem wundervollen Garten spazieren und stoßen auf einen kleinen Teich. Das Wasser im Teich ist klar und rein, und die Sonne hat es erwärmt. Ziehen Sie die Schuhe aus und waten Sie ins seichte Wasser. Sie spüren sofort das behagliche Gefühl des warmen Wassers an Ihren Füßen, und das Blut fängt wieder an, frei zu zirkulieren, angeregt durch die Wärme des Wassers. Stellen Sie sich vor, daß dieses Gefühl der Wärme sich ganz langsam in Ihren Beinen ausbreitet, so daß auch der untere Teil Ihrer Waden warm wird und sich entspannt. Die Wärme des Wasser regt auch den Blutfluß in Ihren Fingerspitzen und dann in Ihren Händen an. Stellen Sie sich vor, daß dieses Gefühl der Wärme sich allmählich durch Ihre Handgelenke aufwärts in die Arme ausbreitet.

Nachwirkungen eines Schlaganfalls

Mrs. Jolly war 62 Jahre alt, als sie einen Schlaganfall erlitt. Obgleich sie sich recht gut davon erholte und keine mentalen Störungen zurückbehielt, war sie auch nach dreijähriger Physiotherapie noch nicht in der Lage, ohne ein starkes Hilfsgestell aus Metall zu gehen. Dies war kein Problem, solange sie sich in ihrem Bungalow aufhielt, aber mehr als ein paar hunderte Meter auf der Straße zu gehen, war für sie eine Qual. Mrs. Jolly war vorher eine äußerst unabhängige Dame gewesen. Sie lebte seit dem Tod ihres Ehemanns allein. Deshalb war es für sie äußerst qualvoll, auf diese Weise eingeschränkt zu sein.

Ihr Physiotherapeut hatte ihr gesagt, ihre Situation würde sich wahrscheinlich nicht mehr erheblich verbessern. Da sie jedoch alles in ihrer Macht Stehende versuchen wollte, entschloß sich Mrs. Jolly, die Technik der positiven Visualisation zu erlernen. Zuerst stellte sie sich vor, sie würde ohne Hilfsmittel durch ihr eigenes Wohnzimmer gehen. Als ihr diese Visualisation gelungen war, fuhr sie Schritt für Schritt fort, sich vorzustellen, sie ginge durch ihren Bungalow, dann durch den Vorgarten zur Straße und zum Briefkasten und schließlich bis zum Laden an der Ecke.

Nach drei Monaten konnte Mrs. Jolly sich in ihrem Bungalow wieder ohne jede mechanische Hilfe bewegen. Außerhalb des Hauses brauchte sie immer noch einen Stock – teilweise, um über Treppenstufen und Bordsteine oder ähnliches zu kommen, teilweise aber auch einfach, um ihr Selbstvertrauen zu stärken – doch das war eine ungeheure Verbesserung gegenüber dem Gehen mit einem Metallgestell. Sie konnte nun wieder selbst einkaufen gehen und – was sie noch mehr erfreute – mit ihrem schon ziemlich alten kleinen Hund kurze Spaziergänge unternehmen.

Krebs

Heute wird nicht nur allgemein die Auffassung akzeptiert, daß Krebs oft durch den menschlichen Geist verursacht wird, sondern auch, daß Krebserkrankungen durch geistigen Einfluß zum Stillstand gebracht werden oder gar völlig zum Verschwinden gebracht werden können. Ob es gelingt, einen Patienten völlig vom Krebs zu heilen, hängt sehr davon ab, wie weit die Krankheit fortgeschritten ist, wenn man mit der Therapie beginnt. Selbst wenn eine Heilung nicht zu erwarten ist, kann man häufig die unangenehmen Begleiterscheinungen der Krankheit zumindest zeitweise völlig zum Verschwinden bringen. (Nähere Einzelheiten über die Arbeit in diesem Bereich finden Sie in dem Buch *Wieder gesund werden* von O. Carl Simonton und Stephanie Simonton.

Ich habe eine Zeitlang in London Selbsthilfekurse für Krebspatienten geleitet. Daran nahmen Patienten eines bestimmten Spezialisten teil, und wir arbeiteten mit dem Wissen und der Zustimmung dieses Arztes. Die Gruppe bestand aus neun Frauen im Alter von 19 bis über 70 Jahren. Nach zwei Jahren waren drei dieser Frauen gestorben, der Zustand von dreien hatte sich so weit gebessert, daß sie ein relativ normales Leben führen konnten, und bei den anderen drei Frauen waren nicht die geringsten Anzeichen für Krebs im Körper mehr zu finden – dies hatte man durch Röntgenaufnahmen und medizinische Untersuchungen festgestellt.

Krebskranke haben oft das Bedürfnis, eine Art »Schlacht« in ihrem Inneren zu visualisieren. Sie brauchen das Gefühl, daß etwas die von Krebs befallenen Zellen bekämpft und besiegt. Hier ein paar der Bilder, die meine Patienten zu diesem Zweck benutzt haben:

a) Ritter auf weißen Pferden (gesunde weiße Blutkörperchen) greifen an und besiegen feuerspeiende Drachen (die Krebszellen).

b) Mehrere Putzfrauen schrubben auf Händen und Knien den Schmutz im Inneren des Körpers, wobei sie besonders starke Reinigungsmittel verwenden.

c) Die Soldaten der Armee des Guten besiegen die Heere des Bösen.

d) Ein riesiger Staubsauger saugt den »Abfall« aus dem Körper.

e) Pac-Man-Figuren zerstören die angreifenden Raketen des Feindes. (Dieses Bild wurde von einem neunjährigen Jungen erfunden und erfolgreich gegen einen Gehirntumor eingesetzt.)

Hier soll keineswegs der Eindruck erweckt werden, als reiche Visualisation allein aus, um Krebs zu besiegen – obwohl das in manchen Fällen tatsächlich so ist. Mit Sicherheit jedoch spielt Visualisation bei der Behandlung der Krankheit eine wichtige Rolle, und man kann sie zusammen mit jeder anderen Behandlungsform einsetzen, die der Patient für sinnvoll hält.

Warum Visualisation den Gesundheitszustand verbessern kann.

1. Sie verringert Angst und Schmerz, die die Genesung behindern können.

2. Sie stärkt den Wunsch, gesünder zu werden, als die Gegebenheiten eigentlich erwarten lassen.

3. Die mit der Visualisation einhergehenden mentalen Prozesse beeinflussen das Immunsystem des Körpers und den Hormonhaushalt, wodurch tatsächliche Veränderungen herbeigeführt werden.

4. Visualisation verringert Streß.

5. Sie ermöglicht es dem Patienten, mit seinem eigenen Unbewußten in Kontakt zu treten.

6. Sie beseitigt das Gefühl, ausgeliefert zu sein, und verstärkt das Gefühl, zur eigenen Genesung beizutragen.

Ich glaub', ich kann's, ich glaub', ich kann's

In diesem Kapitel werden wir uns mit den Themen Schüchternheit und Mangel an Selbstvertrauen befassen. Beide stehen in einer engen Verbindung, da sie unterschiedliche Formen des gleichen Problems sind. Ein Mensch, der schüchtern ist, ist im allgemeinen furchtsam und fühlt sich wahrscheinlich die meiste Zeit über, wenn nicht permanent, nervös oder linkisch. Jemand, dem es an Selbstvertrauen mangelt, ist sich hingegen dieses Mangels oft nur in bestimmten Situationen bewußt, während er in anderen ziemlich selbstsicher ist.

Schüchternheit

Wenn man sagt, ein Mensch sei schüchtern, so setzt man gewöhnlich als selbstverständlich voraus, daß dies nur bei Frauen der Fall sein könne, wogegen dieses Problem natürlich in Wahrheit ebensogut auch bei Männern auftreten kann – was häufig noch wesentlich verheerendere Folgen hat. Aus irgendwelchen Gründen erscheint es vielen fast als ein besonderer Reiz, wenn ein junges Mädchen mit niedergeschlagenen Augen errötet. Doch wenn das gleiche einem Mann passiert, gilt es gewöhnlich als Anzeichen von Schwäche.

Schüchternheit wirkt sich stets auf die gleiche Weise aus. Jeder, der darunter leidet, kennt die anschließend beschriebenen physischen und mentalen Symptome – obgleich sie nicht alle bei jedem Schüchternen und jedesmal aufzutreten brauchen.

Physische Reaktionen

1. Erröten: Es ist interessant, daß nur Gesicht, Hals und Kehle erröten – also Bereiche, die andere Menschen *sehen* können. Dies hebt hervor, daß die Besorgnis der Schüchternen darüber, wie die anderen sie sehen, ihr dominierendes Motiv ist.

2. Schweißausbrüche

3. Beschleunigung des Herzschlags und der Pulsfrequenz: Häufig haben Schüchterne das Gefühl, ihr Herz würde so laut schlagen, daß andere es hören müßten. In extremen Fällen kommte es außerdem zu einem Anstieg des Blutdrucks, was zur Folge hat, daß die Schläfen pochen und der Kopf von einem Dröhnen erfüllt ist, so daß der oder die Betreffende nicht hören kann, was andere zu ihm oder zu ihr sagen. Dies ist der Übergang von der Schüchternheit zum Zustand der Angst.

4. Zittern: Dieses Symptom kann real oder eingebildet sein. Selbst wenn es real ist, ist es für andere nicht immer sichtbar. Schlotternde Knie beispielsweise werden von anderen Menschen häufig nicht bemerkt, eine zitternde Hand hingegen schon. Manchmal ist das Gefühl des Zitterns auch nur innerlich spürbar, so daß Außenstehende nichts davon bemerken. Viele Schauspieler sagen, sie hätten dieses Gefühl immer kurz vor ihrem ersten Einsatz.

Mentale Reaktionen

1. Der Geist ist »leer«: Ein normal intelligenter Mensch stellt plötzlich fest, daß ihm nicht nur nichts mehr einfällt, was er zu seinem Gegenüber sagen könnte, sondern daß er auch die Bedeutung der Worte, die er hört, nicht mehr völlig versteht. Je mehr Sorgen man sich deswegen macht, desto mehr Gedanken darüber, wie »albern« man sich verhält, überschwemmen den Kopf und desto schlimmer wird die Situation.

2. Schüchterne reden zuviel und zu schnell: Dies ist eine Folge des vorigen Symptoms. Es ist so, als würde dem Schüchternen plötzlich klar, daß er ziemlich lange nichts gesagt hat, und als verspüre er das Bedürfnis, Pausen mit Reden über etwas X-beliebiges auszufüllen, und zwar so schnell wie möglich. Es ist nicht ungewöhnlich, daß Menschen in solchen Fällen Unwahrheiten sagen, nicht, weil sie Lügner sind, sondern weil sie einfach *irgend etwas* sagen zu müssen glauben, was zur Folge hat, daß sie das erste Beste sagen, was Ihnen in den Sinn kommt. In solchen Situationen fangen Menschen häufig zu stottern an, die dieses Problem normalerweise nicht haben, und manchmal wird auf diese Weise jemand dauerhaft zum Stotterer.

3. Panik: Durch das Bedürfnis, der Situation zu entfliehen, die dem Leidenden soviel Qual bereitet, kann Angst vor Menschenmengen oder Klaustrophobie entstehen, oder es kann sogar zum vollständigen Rückzug von jedem menschlichen Kontakt kommen.

Die obigen Beschreibungen sollen keineswegs alle Schüchternen in Angst und Trübsinn versetzen. Schüchternheit tritt in verschiedenen Abstufungen auf, und keineswegs muß sich bei jedem, der in leichtem Maße unter diesem Problem leidet, die Situation im Laufe der Zeit zwangsläufig verschlimmern. Über eine sehr wichtige Tatsache sollten sich jedoch alle Schüchternen im klaren sein: *Es ist unmöglich, das Problem ausschließlich mit Hilfe der Macht des Geistes völlig zu beseitigen.*

Menschen, die unter Schüchternheit leiden, sind nur anderen Menschen gegenüber schüchtern, nicht Dingen gegenüber. Und ganz gleich, ob es sich um einen leichten Fall von Schüchternheit handelt oder ob der Zustand so ausgeprägt ist, daß er gelegentlich zu extremen Angstzuständen führt, in jedem Fall basiert er auf dem, was der

Schüchterne glaubt, daß andere Menschen über ihn denken. Schüchternheit entsteht, weil der Betreffende in so starkem Maße darauf fixiert ist, wie er in den Augen anderer wirken könnte, daß er in seinem sozialen Verhalten gehemmt wird, was zur Folge hat, daß er im Laufe der Zeit anfängt, sich selbst so zu sehen, wie er glaubt, daß andere ihn sehen.

Schüchternheit kann zu den verschiedensten Problemen führen.

Einsamkeit

Weil Schüchterne nicht bereit sind, den ersten Schritt zu tun, um einen Kontakt herzustellen, ist es sehr schwer für sie, Freunde zu finden. Normalerweise haben sie nur Menschen zu Freunden, die sie seit langer Zeit kennen. Diese Schwierigkeit haben Frauen häufig, wenn Sie in einen anderen Stadtteil umziehen, insbesondere, wenn sie den ganzen Tag über zu Hause sind und sich um ihre junge Familie kümmern. Sie sind plötzlich weit entfernt von ihren Verwandten und von allen, mit denen sie bisher befreundet waren, und infolge ihrer Tendenz zur Schüchternheit sind sie zu nervös, um in ihrer neuen Umgebung erste Kontaktversuche zu wagen, denn sie könnten ja zurückgewiesen werden.

Von anderen ausgenutzt werden

Obgleich Schüchterne häufig innerlich Gefühle des Grolls aufbauen, haben sie große Schwierigkeiten, für ihre Interessen einzutreten. Weil sie darauf programmiert worden sind zu denken, daß ihre Ansichten wertlos sind – oder weil sie glauben, daß andere dieser Ansicht sind –, bringen sie ihre Meinung so gut wie nie in Gegenwart anderer Menschen zum Ausdruck. Gewöhnlich ist es die schüchterne Neue im Büro, die man bittet, Überstunden zu machen und einen dringenden Bericht zu tippen, weil sie es nicht wagen würden, Einwände dagegen zu erheben. Das schüchterne Kind bekommt nichts ab, wenn Süßigkeiten verteilt werden, weil es sich nicht vordrängt und sein Interesse artikuliert.

Einen schlechten Eindruck machen

Es bringt nichts ein, hervorragend für eine bestimmte Arbeit qualifiziert zu sein, wenn man beim Vorstellungsgespräch den Mund nicht aufbekommt. Es ist sinnlos, einen wundervoll fürsorglichen Charakter zu haben, wenn man zu schüchtern ist, um Angehörigen des anderen Geschlechts auch nur zu antworten. Selbstvertrauen hat nichts mit der äußeren Erscheinung zu tun – es ist die Aura, die jeder von uns mit sich herumträgt. Wir alle kennen Menschen, die weder hübsch noch besonders gewandt sind, die jedoch überall, wo sie hinkommen, andere Menschen wie ein Magnet zu sich hinziehen. Solche Menschen haben Selbstvertrauen – sie *wissen*, daß sie auf andere Menschen anziehend wirken. Und weil sie sich selbst für anziehend halten, schließen sich die anderen dieser Meinung an. Dies ist echtes Charisma und von weitaus größerem Wert als ein hübsches »Filmstar«-Gesicht mit nichts dahinter.

Negative Aura

Daß ein schüchterner Mensch kein Selbstvertrauen hat, verrät seine gesamte Körpersprache. Die Art, wie er steht und wie er seinen Kopf hält, der Ausdruck seines Gesichts oder seiner Augen – all dies sagt der Welt: »Ich bin völlig unwichtig und wertlos.« Wenn ein Mensch dies ausstrahlt, fangen andere Menschen diese Ausstrahlung unbewußt auf, so daß sie schließlich den (geringen) Wert akzeptieren, den der Schüchterne selbst sich beimißt. So ist der schüchterne Mensch in einem Teufelskreis der Negativität gefangen.

Manche Menschen sind ständig schüchtern, andere nur in bestimmten Situationen. Viele Schauspieler und andere Künstler, die ihre Kunst vor Publikum ausüben, sind glücklich, wenn sie vor einer Menschenmenge von Hunderten oder gar Tausenden von Zuschauern stehen, hassen jedoch Partys mit zwanzig oder dreißig Gästen. Ich war einmal bei einer Dinner-Party eingeladen, bei welcher auch der mittlerweile verstorbene Peter Sellars zugegen war. Ungefähr zehn Personen saßen um den Tisch, und während der ersten halben Stunde beteiligte sich Peter Sellars überhaupt nicht am Tischgespräch. Schließlich fing er ruhig und ziemlich einsilbig zu sprechen an, und erst, als er einige seiner vielen komischen Stimmen produzierte, wurde er zur »Seele« der Party. Dieser großartige Schauspieler hatte, wenn er sich in einer kleinen Gruppe von Menschen befand, so wenig Vertrauen in seine eigene persönliche Ausstrahlung, daß er sich hinter künstlichen Charakteren verstecken mußte, um sich am Gespräch beteiligen zu können.

Niemand ist schüchtern oder mit Mangel an Selbstvertrauen geboren worden. Diese Tendenzen entstehen in einem Kind, wenn es aufwächst. War Ihr Vater oder Ihre Mutter schüchtern, so kann es natürlich sein, daß Sie als Kind unbewußt nachgeahmt haben, was Sie sahen, und so ebenfalls schüchtern geworden sind. Aber schüchterne Eltern sind nicht der einzige Grund dafür, daß ein Kind schüchtern wird. Ein herrischer und dogmatischer Erwachsener kann genau die gleiche Wirkung auf das Kind haben, und dies gilt auch für einen Bruder oder eine Schwester, der oder die extravertierter oder schneller im Lernen ist. Diese Programmierung kann auf rein unbewußter Ebene geschehen; sie bedeutet nicht, daß der dominierende Erwachsende etwas anderes als das Beste für sein Kind will – nur, daß er (oder sie) die Konsequenzen dieser Einstellung nicht erkannt hat.

Jedesmal, wenn jemand sagt: »Ich bin schüchtern«, verstärkt er selbst diesen Zustand. Die Programmierung wird dadurch intensiviert. Schüchternheit zu überwinden – und ich kann Ihnen versichern, daß dies möglich ist –, erfordert positive Aktivität Ihrerseits. Schüchternheit verschwindet nicht von selbst. Es ist sinnlos, Schüchternheit durch Einnahme von Tabletten oder durch Alkoholkonsum verbergen zu wollen, weil dadurch lediglich die Symptome verschleiert werden und Ihr Selbstvertrauen noch mehr geschwächt wird. Alkohol kann auch einen nervösen Menschen dazu bringen, auf eine Weise zu handeln, die im Gegensatz zu seiner Natur steht, ihn veranlassen, Dinge zu sagen, die er nicht so meint. Das kann dazu führen, daß der Betreffende am Ende das Gefühl hat, sich selbst zum Narren gemacht zu haben, was ihm wahrscheinlich furchtbar peinlich ist.

Schüchternheit kann man in drei Schritten überwinden:

1. Sie müssen an die Veränderung glauben.
2. Sie müssen sich verändern wollen.
3. Sie müssen dafür arbeiten, daß diese Veränderung zustande kommt.

Wenn Sie die ersten beiden Stufen akzeptieren können, wird positive Visualisation Ihnen helfen, die dritte zu erreichen. Es gibt allerdings keine Über-Nacht-Heilungen – keine Zauberstäbe. Selbst wenn Sie Visualisationstechniken benutzen, wird die Veränderung einige Zeit erfordern. Alles, was sich über lange Zeit entwickelt hat, kann nicht innerhalb weniger Tage aufgelöst werden. Es ist sinnlos, wenn ein Mensch, der sein Leben lang schüchtern gewesen ist, versucht, ohne jeden Übergang zum Mittelpunkt einer fröhlichen Party zu werden.

Zwei wichtige Aspekte Ihrer inneren Überzeugungen müssen verändert werden, wenn Sie Erfolg haben wollen:

1. Was für ein Gefühl haben Sie sich selbst gegenüber?
2. Wie empfinden Sie, was andere über Sie denken – das ist oft etwas völlig anderes, als was die anderen tatsächlich über Sie denken.

Ich empfehle Ihnen ein einfaches Experiment: Legen Sie eine Liste dessen an, was Ihrer Meinung nach andere Menschen für die guten und schlechten Aspekte Ihrer Persönlichkeit und Ihres Charakters halten. Versuchen Sie, so ehrlich und objektiv wie möglich zu sein – weder Eitelkeit noch Negativität sollte dabei Raum gegeben werden. Sobald Sie Ihre Liste fertiggestellt haben, bitten Sie einen oder mehrere andere Menschen, denen Sie vertrauen können, eine ähnliche Liste zu schreiben (natürlich dürfen die Betreffenden nicht erfahren, was auf Ihrer Liste steht). Vergleichen Sie anschließend das, was die anderen aufgeschrieben haben, mit dem, was Sie selbst zu Papier gebracht haben. Sie werden wahrscheinlich ziemlich überrascht über die Unterschiede sein.

Sylvia ist eine junge Frau von 22 Jahren mit dunklen Augen, langem braunen Haar und cremefarbener Hautfarbe. Als jüngere Schwester von vier stämmigen, draufgängerischen Brüdern hatte sie sich immer als die unscheinbare kleine Schwester gefühlt. Als ich ihr zum ersten Mal begegnete, erzählte sie mir, sie liebe ihre Brüder zwar innig, und diese verhielten sich ihr gegenüber auch sehr ritterlich, aber sie fühle sich neben ihnen immer ängstlich und unbedeutend. Sie war immer sehr still gewesen und gehörte zu den Menschen, denen es schwer fällt, ein anonymer Bestandteil der Masse zu sein. Sogar auf ihrer Arbeitsstelle – im betriebsamen Büro einer Versicherungsgesellschaft – fühlte sie sich linkisch und uninteressant, verglichen mit einigen ihrer ständig kichernden, schnatternden jungen Kolleginnen. Als ich mit Sylvias Einverständnis ihre Brüder fragte, was sie über ihre jüngere

Schwester dächten, waren sie voll des Lobes über ihre Liebenswürdigkeit, ihre stille Art und ihre Weiblichkeit. Auch in ihrem Büro wußten alle, angefangen vom Abteilungsleiter bis zum jüngsten Bürogehilfen nur Gutes über Sylvia zu berichten. Sie galt als nett, arbeitsam und freundlich, ohne streberisch zu sein. Sylvia war erstaunt, als sie las, was andere über sie dachten. Sie sehen, wie leicht ein Mensch mit schwachem Selbstvertrauen Eigenschaften, die andere Menschen für attraktiv halten, selbst negativ bewertet.

In mancher Hinsicht kann Schüchternheit mit Eitelkeit verwandt sein. Schließlich sind Schüchterne ungeheuer interessiert daran, was andere über sie denken, und sie glauben, ständig beobachtet und kritisiert zu werden. In Wahrheit ist es natürlich so, daß die meisten Menschen so sehr mit sich selbst und mit ihrem eigenen Leben beschäftigt sind, daß sie gar nicht viel Zeit haben, sich intensiver mit anderen zu beschäftigen. Beobachten Sie einmal die Passanten auf einer Hauptgeschäftsstraße: Die meisten schauen auf den Boden, auf die Auslagen in den Schaufenstern oder auf den Verkehr, während sie darauf warten, daß sie die Straße überqueren können. Selbst wenn irgend jemand Sie anschauen würde, während er Ihnen näherkommt – haben Sie schon einmal innegehalten, um darüber nachzudenken, wieviel Zeit er hat, um sich eine Meinung über Sie zu bilden – eine kritische oder was für eine auch immer? Allerhöchstens ein paar Sekunden. Diese Zeit reicht nicht einmal aus, um sich daran zu erinnern, wie Sie ausgesehen haben – es sei denn, Sie sehen in irgendeiner Hinsicht ziemlich ungewöhnlich oder exzentrisch aus. Das gleiche gilt auch für Restaurants, Eisenbahnabteile und andere Örtlichkeiten des öffentlichen Lebens. Außerdem muß man berücksichtigen, daß die meisten Menschen ohnehin ziemlich unaufmerksam sind – das kann man daran erkennen, wie schwer es den meisten fällt, der Polizei eine genaue Beschreibung einer Person oder eines Vorgangs zu geben. Wenn Sie dies alles bedenken, müßte Ihnen klar werden, daß ein großer Teil Ihres Unbehagens ein Produkt ihrer eigenen Phantasie ist.

Ein Mensch, der schüchtern ist, glaubt von sich selbst, er habe keinerlei Fähigkeit und keinerlei Wert. Diese Meinung ist häufig von anderen übernommen worden – wobei diese Entwicklung durchaus nicht immer auf Böswilligkeit beruht. Die einfühlsamsten und liebevollsten Eltern können ihr Kind so übertrieben beschützen, daß es später als Erwachsener überzeugt ist, nicht auf eigenen Füßen stehen zu können. Natürlich gibt es Menschen, die versuchen, ihre eigenen Minderwertigkeitsgefühle zu verbergen, indem sie die Eigenarten und Leistungen anderer herabsetzen. Der Ehemann, der seiner Frau immer wieder sagt, sie sei »dumm«; die Eltern, die ihrem Kind ständig vorhalten, es werde »es nie zu irgend etwas bringen«, der Arbeitgeber, der glaubt, seinen Mitarbeitern gegenüber eine Autoritätsposition aufbauen zu können, indem er ihnen immer unentwegt einhämmert, wie »wertlos« sie seien – dies alles sind typische und leider nur zu häufig vorkommende Beispiele für emotionale Tyrannen, die mit Hilfe solcher herzlosen und bösartigen Äußerungen versuchen, ihre eigene Unsicherheit zu verbergen.

Lisa war seit 17 Jahren mit Paul verheiratet, als ich sie kennenlernte. Sie hatte zum Zeitpunkt der Hochzeit eine gute berufliche Position gehabt. Nach achtzehn Monaten wurde das erste Kind des jungen Paars geboren, und weil die finanzielle Situation es zuließ, hatte Lisa sich entschlossen, fortan zu Hause zu bleiben und sich um Susi zu kümmern; später kam auch noch ein kleiner Bruder dazu. Paul hatte eine gute berufliche Position, aber er hatte in seiner Firma noch nicht das erreicht, was er sich erhofft hatte. So lange Lisa sich zurückerinnern konnte, hatte er ihr Selbstvertrauen unterminiert, indem er ihr ständig klar-

zumachen versuchte, sie sei dumm, und falls sie sich ent-
schließen sollte, wieder arbeiten zu gehen, würde sie ganz
bestimmt keine vernünftige Arbeit finden oder sie über
längere Zeit behalten. Nun war Lisa klar, daß sie zwar
nicht Einstein war, aber auch nicht dumm. Doch wie sie
mir sagte: »Wenn jemand Ihnen etwas tagtäglich 15 Jahre
lang einhämmert, glauben Sie es schließlich gegen Ihr bes-
seres Wissen.« Und natürlich hatte dieser Glaube an ihre
eigene Unzulänglichkeit zur Folge, daß sie bei Vorstellungsgesprächen einen nachteiligen Eindruck hinterließ,
was wiederum dazu führte, daß sie wirklich keine gute
Arbeit fand. Paul kommentierte das natürlich prompt mit
einem zufriedenen »Ich hab's dir doch gleich gesagt«, wodurch Lisas Selbstvertrauen noch weiter geschwächt
wurde. Erst, als sie beschloß, etwas Positives für die Veränderung ihrer Situation zu tun, gelang es ihr, ihrem eigenen
Urteil wieder zu trauen, ihre Gefühle über sich selbst zu
verändern und eine positive Einstellung dem Leben gegenüber zu entwickeln. Daß sie nun eine höhere Meinung von
ihren eigenen Fähigkeiten hatte, zeigte bei nachfolgenden
Bewerbungsgesprächen Wirkung, so daß man ihr schließlich eine verantwortungsvolle, gut bezahlte Position an-
bot.

Es ist nur Ihr eigenes Ich, das sich peinlich berührt
fühlen kann. Fürchten Sie sich davor, Fehler zu machen
und sich dann lächerlich zu fühlen? Warum? Niemand ist
vollkommen, also müssen auch Sie irgendwann Fehler machen; mir geht es genauso, und jedem anderen Menschen
auch. Wichtig ist nur, wie wir reagieren, nachdem wir
Fehler gemacht haben. Wir können uns entschuldigen; wir
können versuchen, Dinge richtigzustellen; wir können unseren Irrtum eingestehen. Mehr ist nicht zu tun.

Als ich vor einigen Jahren erstmals gebeten wurde, einen
Vortrag über meine Arbeit zu halten, war meine erste
Reaktion: »O nein, das kann ich nicht!« Doch dann hielt

ich inne, um mich zu fragen, wovor ich in dieser Situation Angst hatte. Es war nicht der Gedanke daran, vor einer Zuhörerschaft zu stehen und zu sprechen – schließlich kannte ich mich in meinem Bereich aus und glaubte an meine Arbeit. Ich kam zu dem Schluß, daß ich mich im Grunde davor fürchtete, daß irgend jemand mir Fragen stellen könnte, auf die ich keine Antwort wüßte. Sobald mir klar wurde, daß es keine Schande ist zu sagen: »Ich weiß es nicht, aber ich werde versuchen, es herauszufinden«, verschwand die Angst. *Ich* war diejenige, die glaubte, sie müsse jede Frage beantworten können, und wenn sie dies nicht könnte, sei sie eine Versagerin. Alle anderen erwarteten nichts weiter von mir, als ein normales menschliches Wesen vor sich zu haben, das über ein bestimmtes Thema gut informiert war – also keine wandelnde Enzyklopädie.

Jeder, der schüchtern ist oder dem es an Selbstvertrauen mangelt, hat Angst, seine Mitmenschen würden das, was er in seinem Leben erreichen würde, in keinem Fall anerkennen oder sich gar darüber lustig machen. Was auch immer Sie tun und was auch immer Sie werden, Sie können es nicht jedem recht machen. Haben Sie sich noch nie ein glücklich verheiratetes Paar angeschaut und dabei gedacht: »Was hat sie nur in *ihm* gesehen?« Vielleicht haben Sie sich auch schon einmal gewundert, warum ein bestimmter Schauspieler, den Sie aus dem Fernsehen kennen, so erfolgreich ist. Nichts und niemand schafft es, der gesamten Menschheit zu gefallen. Es gibt viele berühmte Künstler, deren Werke in Galerien und Museen auf der ganzen Welt hängen. Doch würden Sie wirklich beispielsweise Turner geringer schätzen, nur weil irgend jemand Rembrandts Werk mehr bewundert als das von Turner? Was Sie auch tun, es wird niemals allen anderen Menschen gefallen – aber denken Sie daran, daß Sie der einzige Mensch sind, der glaubt, dies sollte eigentlich so sein.

Nehmen wir jedoch an, daß Sie, statt die reale Situation mit Ihrem gesunden Menschenverstand zu begreifen, immer noch ein äußerst schüchterner Mensch mit einem Minderwertigkeitsgefühl sind, der sich vor Menschen und allgemein vor Öffentlichkeit fürchtet. Wie könnten Sie positive Visualisation einsetzen, so daß diese Ihnen hilft, Ihr Problem zu überwinden? Probieren Sie die folgenden Übungen aus.

Denken Sie daran, daß Sie sich zu Beginn jeder solchen Übung in einen Zustand tiefer Entspannung versetzen und nicht mit dem nächsten Schritt fortfahren sollten, bis Sie mit der Ausführung des vorangehenden zufrieden sind.

1. Stellen Sie sich vor, Sie würden mit einem Fremden sprechen. Das braucht kein langes Gespräch zu sein. Sie könnten beispielsweise jemanden nach der Uhrzeit fragen. Sie könnten auch mit dem Verkäufer im Laden an der Ecke ein paar banale Sätze über das Wetter austauschen. Wichtig ist, daß Sie die Situation so visualisieren, wie Sie sich ihren Verlauf wünschen. Stellen Sie sich vor, wie Sie sprechen und dabei ruhig und entspannt bleiben und Ihr Gegenüber Ihnen auf die gleiche Weise antwortet. Fühlen Sie sich angenehm überrascht darüber, wie Sie mit der Situation fertig werden.

Wiederholen Sie diese Übung mindestens eine Woche lang, bevor Sie sich in der Realität an ein solches Gespräch heranwagen. Wenn Sie das Gefühl haben, Ihre Sache gut gemacht zu haben, können Sie sich an die nächste Übung heranwagen. Wenn Sie meinen, Sie könnten es noch besser machen, sollten Sie es nach einer Woche noch einmal versuchen.

2. Visualisieren Sie, wie Sie ein Café betreten, das Sie kennen, und eine Erfrischung bestellen – vielleicht einen Kaffee und ein Stück Kuchen. Setzen Sie sich anschließend hin und genießen Sie, was Sie bestellt haben, ohne sich

verlegen zu fühlen oder zu fürchten, daß andere Sie beobachten. Wenn es Ihnen die Sache erleichtert, können Sie eine Zeitung mitnehmen und darin lesen, damit Sie sich weniger befangen fühlen.

Auch in diesem Fall sollten Sie die Übung solange wiederholen, bis Sie das Gefühl haben, sie in der Realität ausführen zu können.

3. Stellen Sie sich vor, Sie nähern sich einem Menschen, den Sie kennengelernt haben, den Sie aber noch nicht gut kennen – vielleicht ist es ein Nachbar oder jemand, mit dem Sie zusammenarbeiten. Fragen Sie in Ihrer Visualisation den Betreffenden, ob er Lust hat, mit Ihnen zusammen irgendwo etwas zu trinken, und stellen Sie sich die erfreute Reaktion des anderen und seine Zustimmung vor. Sie sollten sich darüber klar sein, daß Sie mit einer solchen Aktion oft nicht nur die eigene Schüchternheit überwinden, sondern außerdem dem anderen helfen, der Sie vielleicht schon lange besser kennenlernen wollte, jedoch nicht den Mut hatte, den ersten Schritt zu tun.

Warten Sie wie zuvor, bis Sie sich ziemlich wohlfühlen mit dem mentalen Bild, und versuchen Sie erst dann, die Visualisation in die Realität umzusetzen.

Ich erinnere mich, daß man mir als Kind eine Geschichte über die kleine Lokomotive erzählt hat, die auf den Berg fahren wollte. Die großen lärmenden Dampflokomotiven sagten ihr, sie sei viel zu klein, um das zu schaffen. Während Sie auf dem Gleis auf den Berg zufuhr, sagte sie immer wieder zu sich selbst: »Ich glaub', ich kann's, ich glaub', ich kann's.« Sie wiederholte diese Worte und den Gedanken so lange, bis sie schließlich oben auf der Bergkuppe angekommen war!

DIE POINTE DER GESCHICHTE

Wie erfahren Produzent, Regisseur und Schauspieler auch sein mögen, kein Film kann ohne Drehbuch entstehen. Und das Drehbuch kann nicht geschrieben werden, wenn der Autor die Pointe der Geschichte nicht versteht. In diesem Film, in dem Sie Autor, Regisseur und Hauptdarsteller sind, müssen Sie zunächst die Geschichte verstehen und außerdem herausfinden, was Sie sich als Endergebnis wünschen. Mit anderen Worten: Bevor Sie die Techniken der positiven Imagination anwenden können, müssen Sie sich darüber klar werden, was Sie erreichen wollen.

Vielleicht glauben Sie, diese Entscheidung sei einfach zu treffen. Das ist aber gar nicht so einfach, wie es vielleicht klingt. Oft besteht ein riesiger Unterschied zwischen dem, was wir wollen, und dem, was wir zu wollen *meinen*. Dies wird noch zusätzlich verkompliziert durch die Tatsache, daß wir uns häufig stark durch das beeinflussen lassen, was andere von uns wollen. Es folgen einige Tabellen, die Ihnen helfen sollen, jene Unterscheidung zu treffen und Ihre eigenen Ziele herauszufinden.

Weil sowohl Ihre persönliche Eigenart als auch Ihre Hoffnungen und Ambitionen sich im Laufe der Zeit durch die Einwirkung von Ereignissen und Menschen verändern können, ist es ratsam, die Tabellen in regelmäßigen Abständen zu konsultieren – zum Beispiel einmal oder zweimal im Jahr. Bewahren Sie sie alle in einem Ordner oder etwas ähnlichem auf, damit Sie später die verschiedenen Versionen miteinander vergleichen können. Zielsetzungen und Ambitionen, die sich nicht verändern, treten dann klar hervor, und Sie werden ein Muster erkennen können, was

Ihnen bei Ihrer weiteren Entwicklung helfen wird. Außerdem haben Sie dann schwarz auf weiß vor Augen, was Sie bereits erreicht haben. Dies sollte Ihnen helfen, Ihr Selbstvertrauen und Ihren Glauben an den Wert positiver Visualisation sowie der Anwendung der Kraft Ihres Geistes zu stärken. Es kann auch sein, daß Aspekte, die vor einiger Zeit eine wesentlich größere Bedeutung für Sie zu haben schienen, sich später als unwichtig erweisen. Das bedeutet nicht unbedingt, daß es ein Fehler von Ihnen war, dies beim ersten Mal aufzuschreiben, sondern nur, daß Sie selbst, Ihre Persönlichkeit und Ihre Wünsche sich im Laufe der Zeit ein wenig verändert haben.

Bevor Sie auch nur damit anfangen können, sich über Ihre Hoffnungen und Ambitionen Gedanken zu machen, müssen Sie sich über Ihre Situation als Individuum klar werden. Wir alle sind drei unterschiedliche Personen: Wir sind diejenigen, für die wir selbst uns halten, wir sind diejenigen, für die andere uns halten, und wir sind diejenigen, die wir in der Wahrnehmung der anderen zu sein *glauben*. Machen Sie einmal folgenden Test: Teilen Sie ein großes Blatt Papier in drei Spalten mit den folgenden Überschriften:

Wie ich mich selbst sehe
Wie ich glaube, daß andere mich sehen
Wie andere sagen, daß sie mich sehen

Füllen Sie nun die erste und zweite Spalte selbst aus, und bitten Sie anschließend ein paar Freunde oder Verwandte, Ihnen zu sagen, was Sie in die dritte Spalte schreiben sollen.

Füllen Sie nun unter Verwendung der in den obigen drei Spalten enthaltenen Information, die folgende zweispaltige Tabelle aus:

Bitte erledigen Sie dies alles nicht an einem einzigen Tag, denn was Sie aufschreiben, wird durch Ihren jeweiligen Gefühlszustand beeinflußt. Nehmen Sie sich ungefähr zwei Wochen Zeit, um es abzuschließen, wobei Sie sich jeden Tag das bereits Geschriebene noch einmal vornehmen und nachschauen sollen, ob Sie es immer noch so sehen oder ob Sie irgend etwas davon verändern wollen, weil es vielleicht durch die Stimmung des Augenblicks gefärbt war, in dem Sie es niedergeschrieben haben. (Wenn wir hier über die Aspekte Ihrer Person sprechen, die Sie mögen oder nicht mögen, sind damit natürlich nur die Aspekte gemeint, an denen Sie etwas verändern können. Wenn Sie 1,50 m groß sind und gerne 15 cm größer sein würden, so ist daran leider nicht viel zu ändern – außer vielleicht, daß Sie sich fragen könnten, warum Ihnen das Kummer bereitet.) Ein Wort an diejenigen, bei denen in der Rubrik »nicht mögen« viel und in der Rubrik »mögen« wenig oder nichts steht: Sie sagen nicht die Wahrheit!

Schauen Sie sich zuerst die Liste links an, welche die Aspekte Ihrer Persönlichkeit enthält, die Sie mögen. Wenn Sie wüßten, daß jemand, den Sie nicht kennen, diese Bemerkungen aufgeschrieben hätte, würden Sie sicherlich denken, daß derjenige, der da beschrieben wird, ein ziemlich netter Mensch sein muß, nicht wahr? Warum schenken Sie selbst sich niemals Anerkennung für jene positiven Züge? Wenn Sie dies in Zukunft tun, stärkt es vielleicht Ihr Vertrauen und gibt Ihrem Selbstbild die Unterstützung, die es braucht.

Schauen Sie sich nun die Spalte rechts an, in der steht, was Sie an sich selbst nicht mögen. Lesen Sie die Liste durch und entscheiden Sie, welche der dort aufgeführten Eigenschaften Sie zuerst verändern wollen. Schreiben Sie diese wie folgt auf:

Dinge, die ich gerne verändern möchte – in der Reihenfolge der Vorrangigkeit

1. _____

2. _____

3. _____

4. _____

5. _____

Möglicherweise haben sich ein paar Verallgemeinerungen in Ihre Liste eingeschlichten, die der näheren Klärung bedürfen.

1. Falls Sie geschrieben haben, Sie würden gerne »mehr Selbstvertrauen« haben, so denken Sie einmal darüber nach, was das für Sie konkret bedeutet. Was ist Vertrauen? Was soll das Vertrauen Ihnen ermöglichen? Die obige Formulierung ist zu vage; Sie müssen sie präzisieren. Wie beeinflußt Mangel an Vertrauen Sie? Sind Sie deswegen in der Öffentlichkeit schüchtern? Oder haben Sie Angst beim Autofahren? Sind Sie in Prüfungssituationen nervös? Denken Sie darüber nach, und tauschen Sie dann die Formulierung gegen eine präzisere aus.

2. Wenn Sie geschrieben haben, Sie wollten gerne »glücklich« sein, so denken Sie darüber nach, was Sie glücklich *machen* würde. Vielleicht sollten Sie darauf Ihre Bemühungen richten. Und außerdem: Da Glück eine so flüchtige Empfindung ist, meinen Sie nicht, Sie würden Ihr Ziel eher erreichen, wenn Sie das Wort »glücklich« durch das Wort »zufrieden« ersetzen würden?

3. Wenn Sie geschrieben haben, Sie würden gerne »die Fähigkeit haben, mehr Geld zu verdienen«, so fragen Sie

sich nach dem Grund dafür. Das ist gar nicht so dumm, wie es klingen mag. Ich weiß, daß Sie gerne genug Geld haben würden, um einigermaßen komfortabel leben zu können und um sich die zusätzlichen Freuden leisten zu können, die ein gutes Einkommen gewöhnlich ermöglicht. Aber als Sie schrieben »mehr Geld«, an wieviel mehr haben Sie da gedacht? Wenn Sie an unvorstellbaren Reichtum gedacht haben – was würden Sie mit all dem Geld tun wollen? Geld allein hat noch niemanden glücklich gemacht, wie die Tragödien in vielen bekannten und berühmten reichen Familien zeigen. Es ist nichts dagegen einzuwenden, daß man Geld für einen bestimmten Zweck haben möchte – vielleicht, um irgend etwas Gutes in der Welt zu tun –, doch seien Sie vorsichtig, wenn Sie Reichtum nur für sich selbst haben wollen.

4. Wenn Sie geschrieben haben, Sie würden gerne besser organisiert sein, um mehr freie Zeit zu haben, so fragen Sie sich, *wofür* Sie diese Zeit haben wollen. Zusätzliche Zeit für ein Hobby, für die Familie oder für sich selbst haben zu wollen, ist eine ausgezeichnete Idee, doch ist es wichtig, daß die Liste wirklich das enthält, was Ihren eigenen Vorstellungen entspricht, denn nur dann können Sie das Gefühl entwickeln, daß Sie einen Grund haben, zu erreichen, was Sie sich wünschen.

Das folgende kleine Spiel beinhaltet weitaus mehr, als Sie vielleicht auf den ersten Blick glauben werden:

Erinnern Sie sich noch daran, daß im Märchen die gute Fee dem neugeborenen Kind oder dem großen Helden drei Wünsche zu gewähren pflegt? Nun, stellen Sie sich vor, eine gute Fee wäre zu Ihnen gekommen und hätte Ihnen gesagt, Sie hätten drei Wünsche frei, *vorausgesetzt*, Sie könnten sie jetzt sofort benennen. Was würden Sie sagen? Antworten Sie bitte ganz spontan, denken Sie nicht erst nach!

Als Daphne, eine 38jährige geschiedene Frau, vor diese Aufgabe gestellt wurde, war ihre unmittelbare Reaktion: Ich möchte schlank sein, wieder heiraten und in eine andere Wohnung ziehen. Dann lachte sie ein wenig befangen und sagte: »Ich glaube, ich möchte tatsächlich etwas Gewicht verlieren. Aber ich habe noch nicht richtig darüber nachgedacht, ob ich wirklich wieder heiraten möchte, und ich habe immer geglaubt, daß ich mich in meinem kleinen Haus wohl fühle.«

Wenn Sie dieses Spiel ehrlich spielen können, werden Sie vielleicht überrascht sein über die Antworten, die Sie wirklich ohne nachzudenken geben. Selbst wenn einige der »Wünsche« außerhalb Ihrer persönlichen Einflußmöglichkeiten liegen, können Sie dadurch trotzdem wertvolle Einsichten in Ihre inneren Hoffnungen und Wünsche erlangen.

In Daphnes Fall war das einzige, was sie beeinflussen konnte, ihr Körpergewicht – auch in diesem Bereich kann Visualisation helfen. Obgleich man letztlich nur Gewicht verlieren kann, indem man weniger ißt und/oder den Körper trainiert, kann Ihnen Visualisation sehr dabei helfen, das Gewicht und die Figur zu bekommen, die Sie haben wollen. Während Sie einer Diät folgen (und alle vernünftigen Diäten funktionieren, wenn man sich wirklich daran hält), können Sie Ihre Imagination dazu benutzen, um sich vorzustellen, Sie trügen ein Kleidungsstück, das Sie liebend gerne tragen würden, das aber nur gut aussieht, wenn man schlank ist. Vielleicht hat das Kleidungsstück Ihnen früher einmal gepaßt; vielleicht haben Sie es in einer Modezeitung gesehen; oder es handelt sich um ein Produkt Ihrer eigenen Imagination. Sie können das mentale Kleidungsstück so oft wechseln, wie Sie wollen. Entscheidend ist, daß Sie sich vorstellen, wie Sie es tragen und wie es perfekt sitzt. Es darf keine Falten werfen und nicht spannen. Es muß Ihre schlanke Figur möglichst vollkommen zeigen.

Es gibt zwei Hauptgründe dafür, bei Schlankheitskuren positive Visualisation zu praktizieren. Erstens ist dies ein guter psychologischer Trick, der Ihnen hilft, das, was Sie zu erreichen versuchen, im Bewußtsein zu behalten. Der zweite Grund ist: Die Imagination ermöglicht Ihnen, Gewicht genau in den Körperbereichen zu verlieren, wo Sie es verlieren wollen – wobei natürlich die anatomische Beschaffenheit gewisse Grenzen auferlegt. Ihr Unbewußtes wird Ihnen helfen, die schlanke Figur zu bekommen, der die Art von Kleidung perfekt sitzt, die Sie in Ihrem Geist kreiert haben.

Daphnes zweiter Wunsch – wieder zu heiraten – lag nicht völlig im Bereich Ihrer Einflußmöglichkeiten. Sie hatte mir jedoch erzählt, während der vergangen zwei Jahre sei ihr Leben ziemlich langweilig gewesen. Sie arbeitete tagsüber in einem Laden, und wenn sie abends nach Hause kam, reinigte sie die Wohnung und kochte das Essen für sich und ihre beiden heranwachsenden Kinder. Sie war nicht unbedingt darauf erpicht, häufig auszugehen. Im Grunde war sie zwar gerne unter Menschen, doch hatte es sich einfach so ergeben, daß sie nicht mehr so häufig wie früher ausging. Sie sagte, es sei für sie nicht schwierig, wieder häufiger andere Menschen zu treffen. Sie war nicht fanatisch in der Hausarbeit, eine Mahlzeit konnte man auch vorkochen, und die Kinder brauchten keinen Babysitter mehr. Sie konnte ohne weiteres einen Abend mit Freunden ausgehen oder einen Abendkurs besuchen, wenn Sie dies wollte. Natürlich garantierten solche Aktivitäten nicht, daß sie dabei ihren zukünftigen Ehemann treffen würde – aber sicherlich würde sie keinen finden, wenn sie weiterhin die Abende vor dem Fernseher verbrächte.

Obgleich Daphne ihren spontan geäußerten Wunsch hinsichtlich eines Wohnungswechsels nicht so richtig verstand, meinte sie, zusammen mit den beiden anderen Wünschen zeige es ihr ziemlich klar, daß sie eine Veränderung ihres zur Zeit recht eintönigen Lebens anstrebe. Nachdem sie sich auf diese Weise mit ihren drei Wünschen beschäftigt hatte, beschloß sie, die Veränderungen in die Wege zu leiten, auf die sie Einfluß hatte, und dann abzuwarten und zu schauen, was sich hinsichtlich der übrigen Dinge ergeben würde.

Sidney war einer von vielen kleinen Angestellten in einem großen Finanzkonzern. Als er gebeten wurde, seine drei Wünsche zu nennen, sagte er: »Ich möchte ein großes Büro mit einem Mahagony-Schreibtisch, einen Sportwagen und gut im Golfspielen sein.«

Was sagen uns diese drei Wünsche über Sidney? Allesamt sind Symbole des Erfolgs. Einen teuren Mahagony-Schreibtisch und ein eigenes großes Büro bekommen gewöhnlich nur Leute in sehr hohen Positionen. Sportwagen sind nicht billig, und obgleich es nicht völlig ausgeschlossen ist, ein guter Golfspieler zu werden, indem man den öffentlichen Golfplatz benutzt und Privatunterricht nimmt, sind auch gute Golfclubs ziemlich teuer.

Als Sidney darauf angesprochen wurde, gab er bereitwillig zu, er brenne darauf, eine glänzende Karriere in der Welt des Business zu machen; er habe jedoch das Gefühl, in dem riesigen Unternehmen, in dem er arbeite, habe er kaum eine Chance, andere auf seine Fähigkeiten aufmerksam zu machen. Obgleich er davon überzeugt war, daß er seine Arbeit gut machte, erschien es ihm nicht der Mühe wert, sich besonders anzustrengen, weil er das Gefühl hatte, ohnehin nur einer unter vielen zu sein.

Ich fragte Sidney, ob er glaube, er habe aus dem Wunschspiel irgend etwas gelernt. Er antwortete, es habe seine alten Ambitionen neu belebt und seinen Wunsch nach beruflichem Erfolg neu geweckt. Obgleich er seine Position in dem großen Unternehmen erst aufgeben wollte, wenn er eine bessere gefunden hätte, hatte er sich entschlossen, nach einer ähnlichen Position in einem kleineren Betrieb Ausschau zu halten – einem, in dem er mehr sein würde als nur »ein Rädchen im Getriebe« und wo harte Arbeit Belohnung im Sinne von Beförderung und Anerkennung bringen würde. Er sagte mir, letztendlich sei sein Ziel, für seine Karriere zu arbeiten – ein Wunsch, den er lange unterdrückt hatte, dem er sich jedoch nun wieder stärker widmen wollte.

Sie sehen also, daß dieses scheinbar so simple und banale Spiel Ihnen helfen kann, wertvolle Einsichten in Ihre wahren Hoffnungen und Wünsche zu erlangen. Und obwohl die Visualisation nicht in jedem Fall die vollständige Antwort liefern mag, kann man sie in spezifischen Bereichen nutzen, sobald man sich für einen bestimmten Plan oder für ein bestimmtes Vorhaben entschieden hat.

Wie man positive Visualisation zur Überwindung spezifischer Probleme nutzt

Eine schwierige Beziehung
Alison war nie gut mit ihrer Mutter zurechtgekommen. Mrs. Brant war eine herrische Frau, die alles darangesetzt hatte, das Leben ihrer Tochter von deren Kindheit an zu reglementieren. Alison hatte darauf zuerst mit Streits und Wutanfällen reagiert, später mit mürrischem Widerstand und mit Ungehorsam, bis sie die Situation im Alter von 17 Jahren einfach nicht mehr länger ertragen konnte und aus der Wohnung ihrer Mutter auszog.

Nach einer Reihe von uninteressanten Jobs hatte Alison angefangen, in einem Anwaltsbüro zu arbeiten. Durch Teilnahme an Abendkursen und durch harte Arbeit hatte sie schließlich die Position einer Chefsekretärin erreicht. Später heiratete sie einen Mann, der zehn Jahre älter war als sie, und bekam von ihm männliche Zwillinge.

Alisons Ehemann war ein freundlicher und liebenswürdiger Mensch, und da er seine Schwiegermutter noch nicht kennengelernt hatte, schlug er irgendwann vor, die mittlerweile alte Frau einmal zu besuchen und einen Versuch zu machen, das Zerwürfnis zwischen Mutter und Tochter beizulegen. Der Besuch war eine Katastrophe. Als Alison ihre Mutter sah, kamen die alten Wutgefühle wieder in ihr hoch, und es gelang ihr nur mit Mühe, ein gewisses Maß an förmlicher Höflichkeit ihr gegenüber zu wahren. Die alte Dame selbst war noch viel streitsüchtiger und herrschsüchtiger als je zuvor und schien ihren Spaß daran zu haben, unentwegt etwas an Alisons Äußerem, an ihrer Arbeit und sogar an der Art, wie sie ihre Kinder erzog, auszusetzen. Der Besuch wurde frühzeitig abgebrochen, und Alison heulte fast während der ganzen Rückfahrt.

Kurz nach diesem Vorfall suchte Alison mich auf. Sie hatte das Gefühl, irgend etwas an der Situation müsse verändert werden. Es erschien ihr lächerlich, daß eine intelligente Erwachsene sich immer noch so verletzt fühlen konnte von der bösen Zunge einer verbitterten alten Frau. Als wir über die Angelegenheit sprachen, gestand Alison mir, daß sie unter starken Schuldgefühlen litt. Sie sagte, ihr Ehemann und ihre Kinder würden ihr soviel Liebe schenken, und sie sei trotzdem nicht in der Lage, für ihre eigene Mutter Liebe zu empfinden.

Viele Menschen haben eine falsche Vorstellung über die Liebe von Kindern zu ihren Eltern. Wir können uns nicht dazu zwingen, Menschen zu lieben – insbesondere dann nicht, wenn die Betreffenden sich uns gegenüber nicht besonders liebevoll verhalten. Die Vorstellung, daß man die eigenen Eltern lieben *muß*, zieht häufig starke Schuldgefühle und Gefühle der Unzulänglichkeit nach sich. Wenn Eltern ihre Kinder auf die ihrer Meinung nach bestmögliche Art aufgezogen haben, schulden die Kinder ihren Eltern Respekt und Ehrerbietung dafür, auch wenn sich später herausstellt, daß die Erziehung nicht gerade die vorteilhafteste für die Kinder war. Doch niemand *schuldet* seinem Vater oder seiner Mutter Liebe; Liebe muß ein Mensch verdienen. Allein die Tatsache, daß irgend jemand Ihr Vater oder Ihre Mutter ist, macht diese Person noch nicht zu einem liebenswerten Menschen.

Als Alison diese Sichtweise akzeptierte, fiel ein großer Teil des auf ihr lastenden Drucks von ihr ab. Sie empfand nun Mitleid für ihre Mutter, die durch ihr eigenes gehässiges Reden und Verhalten Freunde und ihre eigene Familie von sich entfremdet hatte und nun eine einsame alte Frau war. Alison hielt es für ihre Pflicht, mit ihren Zwillingen zusammen die Großmutter zu besuchen, aber sie zweifelte immer noch, ob sie mit der Situation fertig werden würde.

Ich schlug Alison vor, sich einen Besuch zu einem bestimmten Termin vorzunehmen und sich mindestens drei oder vier Wochen Zeit zu nehmen, um sich auf die Situation vorzubereiten. Sie sollte täglich den bevorstehenden Besuch visualisieren. Ihre Mutter würde wohl kaum ihre lebenslangen Gewohnheiten verändern und wahrscheinlich wieder genauso unausstehlich sein, wie sie es immer gewesen war. Trotzdem sollte Alison sich vorstellen, sie käme mit der Situation gut zurecht und fände eine Möglichkeit, sich so zu verhalten, wie sie es gerne wolle. Sie würde höflich und gelassen bleiben, ganz gleich, was die alte Dame sagen würde, und auf dem Weg nach Hause würde sie sich wirklich über das freuen, was sie erreicht hätte.

Der Besuch fand ungefähr drei Wochen später statt. Als Mrs. Brant klar wurde, daß all ihre Bitterkeit bei ihrer Tochter nichts hervorzulocken vermochte als eine höfliche Reaktion, hörte sie mit ihren Angriffen auf – was typisch für Tyrannen dieser Art ist. Obgleich von echter Wärme zwischen Mutter und Tochter immer noch nicht die Rede sein konnte, war die alte Dame hocherfreut, ihre Enkelkinder zu sehen, und Alison hatte das Gefühl, einen gewaltigen Schritt vorangekommen zu sein.

Das war vor zwei Jahren. Alison besucht immer noch mit ihren Kindern die Großmutter. Sie wird wohl niemals ihrer Mutter gegenüber Liebe empfinden können, aber sie läßt sich von ihr auch nicht mehr verletzen, denn sie kann sie nun als das sehen, was sie tatsächlich ist – eine ziemlich bemitleidenswerte alte Frau, deren Versuche, das Leben der Menschen in ihrer Umgebung zu dominieren, ihr ein einsames Alter beschert haben. Mrs. Brant bemüht sich eindeutig, die Fehler, die sie bei ihrer Tochter gemacht hat, nicht mit ihren Enkeln zu wiederholen.

Angst, von jemand anderem gefahren zu werden
Als Henry Anfang zwanzig war, fuhr er einmal als Beifahrer mit seinem älteren Bruder im Auto mit. Aufgrund eines mechanischen Fehlers geriet das Auto in einer Kurve außer Kontrolle. Es rutschte von der Fahrbahn, eine grasbewachsene Böschung hinunter und in eine Baumgruppe hinein, wodurch es glücklicherweise zum Halten kam. Weder Harry noch sein Bruder waren schwer verletzt worden. Beide hatten nur oberflächliche Verletzungen und Prellungen. Doch beide hatten einen Schock erlitten und wurden von den herbeigerufenen Helfern dagegen behandelt. Das Auto war nicht mehr zu reparieren.

Nachdem Harry sich von den unmittelbaren Nachwirkungen des Unfalls erholt hatte, war er weiterhin unbeschwert Auto gefahren, als Fahrer ebenso wie als Beifahrer. Etwa fünfzehn Jahre später jedoch fing er an, sich in zunehmendem Maße nervöser zu fühlen, wenn er als Beifahrer in einem Auto mitfahren mußte. Trotzdem blieb er weiterhin ein guter und selbstsicherer Autofahrer. Dieses Gefühl hatte nichts mit der Fähigkeit des jeweiligen Fahrers zu tun und auch nichts mit der Fahrgeschwindigkeit. Die anfänglich vage Besorgnis wurde im Laufe der Zeit so stark, daß Harry schon beim bloßen Gedanken daran, er müsse als Beifahrer in einem Auto mitfahren, übel wurde. Hin und wieder dachte er darüber nach, wegen dieses Problems Hilfe zu suchen, doch es erschien ihm letztlich einfacher, die Situation zu meiden und dafür zu sorgen, daß immer er der Fahrer war. Die Sache spitzte sich jedoch zu, als Harry sich einen komplizierten Bruch am Arm zuzog. Nun würde seine Frau ihn eine Zeitlang jeden Tag zum Büro fahren und wieder dort abholen müssen.

Harry suchte mich am Tag, nachdem er sich den Arm gebrochen hatte, auf. Der Arzt hatte ihm empfohlen, die ersten zwei Wochen zu Hause zu bleiben, aber Harry machte sich schon Sorgen, wie er danach zur Arbeit kommen sollte. Er zweifelte nicht an den Fahrkünsten seiner Frau; er wußte, daß sie sehr vorsichtig und ruhig fuhr. Sie fuhr regelmäßig die Kinder zur Schule, zu den Pfadfindern, zum Schwimmen und zu ähnlichen Veranstaltungen. Es gab auch keine Möglichkeit, aus dem kleinen Dorf, in dem Harry wohnte, mit öffentlichen Verkehrsmitteln zum Büro zu kommen. Und schon beim bloßen Gedanken daran, von seiner Frau ins Büro gefahren werden zu müssen, geriet er in Panik.

Harry hatte zwar noch nie etwas von Visualisation gehört, aber er war bereit, alles, was ihm eventuell helfen konnte, auszuprobieren. Nachdem ich ihm die grundlegenden Entspannungsmethoden beigebracht hatte, bat ich ihn, sich vorzustellen, er sitze auf dem Beifahrersitz eines Autos, und seine Frau auf dem Fahrersitz. Dann forderte ich ihn auf, sich vorzustellen, wie seine Frau von ihrer gemeinsamen Wohnung aus losführe, um den Block führe und wieder zurückkomme – eine Reise von ungefähr vier Minuten. Diese ganze Zeit über sollte er sich des Gefühls des Friedens und der Entspannung bewußt bleiben. Nachdem Harry diese Übung ein paar Tage lang wiederholt hatte, war er in der Lage, auch in der Realität ins Auto zu steigen und sich von seiner Frau um den Block fahren zu lassen. Und obwohl er diese Fahrt nicht gerade sonderlich genoß, schaffte er es immerhin, ruhig und gelassen zu bleiben.

In der nächsten Übungsphase sollte er visualisieren, seine Frau führe ihn eine Meile weit und anschließend wieder nach Hause. Auch diesmal sollte er sich während der imaginären Fahrt auf das Gefühl der Entspannung konzentrieren. Dies gelang ihm ebenfalls innerhalb weniger Tage.

Vier Tage, bevor Harry wieder an seinen Arbeitsplatz zurückkehren sollte, trug ich ihm schließlich auf, die gesamte Reise von seinem Haus zum Büro zu visualisieren. Wie bei den Vorübungen sollte er sich auf das Gefühl der Entspanntheit und Gelassenheit konzentrieren und völlig der Fahrkunst seiner Frau vertrauen.

Als Harry wieder zur Arbeit mußte, war er in der Lage, sich jeden Tag von seiner Frau fahren zu lassen, bis sein Arm geheilt war.

AM ANFANG...

Alles, was geschaffen wird, muß sich zuvor irgend jemand vorstellen. Ob es sich um einen Maler handelt, der vor einem Stück weißer Leinwand steht, ob ein Schriftsteller vor einem weißen Blatt Papier sitzt, ob ein Bildhauer einen riesigen Block kalten Gesteins anstarrt, der harten Arbeit muß die Imagination vorangehen. Kein kreativer Mensch fängt einfach an mit der Arbeit und wartet ab, was dabei herauskommt. Natürlich kann das letztendliche Ergebnis des Schaffensprozesses erheblich von der ursprünglichen Idee abweichen. Doch das Grundkonzept ist wichtig, damit der Künstler überhaupt erst einmal mit der Arbeit beginnen kann.

Uns allen ist die Kreativität angeboren. Nicht nur Maler, Schriftsteller und Bildhauer sind kreativ. Auch ein Geschäftsmann kann, indem er eine Strategie entwickelt, kreativ sein, ebenso der Wissenschaftler, der Experimente ersinnt und durchführt, und natürlich nicht zuletzt der Erfinder. Doch bei vielen Menschen wird die Kreativität schon in sehr frühem Alter erstickt. Wie oft haben Sie als Kind den Satz »Träum' nicht am hellichten Tage!« gehört? Natürlich ist es im Bereich der Kreativität ebenso wie in jedem anderen Bereich wichtig, ein gesundes Gleichgewicht zwischen Inspiration und Ausführung zu entwickeln. Es ist sinnlos, die Idee für einen wundervollen Roman zu entwickeln, wenn man nicht lesen und schreiben kann.

Viele Menschen glauben allen Ernstes, sie seien nicht in der Lage, auf irgendeine Weise kreativ zu sein. »Ich bin kein Künstler«, sagen sie, womit sie vielleicht meinen, daß sie nie die Technik des Farbenmischens oder des perspektivischen Zeichnens erlernt haben. Doch dies sind Techniken, die man lernen kann. Innere Kreativität ist bei jedem Menschen vorhanden – man muß sie nur aus ihrem Gefängnis befreien.

Mit der Kreativität verhält es sich genauso wie mit den Muskeln des menschlichen Körpers. Je mehr sie benutzt und trainiert werden, um so stärker werden sie. Das Umgekehrte gilt allerdings auch: Wenn sie überhaupt nicht benutzt werden, werden sie schwach und bilden sich zurück. Es ist nicht schwer, das kreative Selbstvertrauen von Kindern zu zerstören und dadurch den zukünftigen Erwachsenen zu einem Leben zu verdammen, in dem Kreativität höchstens eine untergeordnete Rolle spielt.

Gina war ein ruhiges und sensibles kleines Mädchen mit einer klaren, wunderschönen Singstimme. Eines Tages in der Schule, als Ginas Klasse Gesangsunterricht hatte, bat der Lehrer Gina, ein kurzes Solo zu singen. Da es ihr peinlich war, vor der ganzen Klasse zu stehen und zu singen, zitterte Ginas Stimme, und sie traf die hohen Töne nicht. Mit der ganzen Herzlosigkeit, zu der Kinder fähig sind, lachten ihre Klassenkameraden sie aus – einer oder zwei besonders boshafte Jungen äfften sie sogar nach, indem sie quäkende Laute ausstießen. Gina wurde puterrot und brach in Tränen aus.

Von diesem Zeitpunkt an weigerte sie sich strikt, vor der versammelten Klasse zu singen, da sie nicht noch einmal lächerlich gemacht werden wollte. Sie *tat so*, als würde sie singen – sie war ein viel zu folgsames kleines Mädchen, um sich als Rebellin aufzuspielen –, aber sie bewegte nur lautlos den Mund.

Dies ist eine wahre Geschichte. Die erwachsene Gina (das ist natürlich nicht ihr richtiger Name) hat sie mit erzählt. Sie ist eine Freundin von mir. Niemand wird je erfahren, ob sie ein echtes Talent für Musik und Gesang entwickelt hätte. Sie hätte die Möglichkeit gehabt, dies herauszufinden, wenn ihre musikalische Kreativität nicht schon in der Schulzeit durch den Spott ihrer Klassenkameraden erstickt worden wäre. Denn seit jener Zeit hat sie nie wieder den Mut gehabt, in der Öffentlichkeit zu singen, nicht einmal in einem Chor. Sie brachte ein schiefes Lächeln zustande, als sie mir erzählte, nicht einmal ihre eigene Familie habe gemerkt, daß sie bei den Liedern im Weihnachtsgottesdienst immer nur die Lippen bewegt habe.

Die Kreativität läßt sich bei Kindern entwickeln. Man sollte nicht dem Irrtum verfallen zu denken, nur weil jemand nicht musikalisch oder künstlerisch begabt ist, sei er nicht kreativ. Manche Menschen haben die Fähigkeit, Frieden und Harmonie in ihrer Umgebung zu schaffen, während andere wunderschöne Pullover stricken können oder herrliche Blumen in ihrem Garten ziehen. Vielleicht ist die Fähigkeit, Harmonie in den Beziehungen in unserer Umgebung zu schaffen, eine der größten Begabungen überhaupt.

Was zeichnet einen kreativen Menschen aus? Die Bereitschaft, das ganze Leben als Abenteuer anzusehen, bis zum Rande angefüllt mit aufregenden Möglichkeiten. Ein wahrhaft kreativer Mensch ist bereit, nötigenfalls alte Grenzen zu überschreiten und zu lernen, Dinge auf eine neue Art zu sehen.

Wenn Sie Ihre imaginativen Fähigkeiten erweitern, vergrößern Sie damit auch Ihre Kreativität. Durch die Übungen zur Verbesserung Ihrer visuellen Vorstellung haben Sie einen Weg angetreten, der sich als der lohnendste Ihres Lebens erweisen könnte. Die visionärsten Ideen kommen uns gewöhnlich in Form von Bildern oder Vorstellungen, nicht in Form von Worten. Deshalb ist die Fähigkeit zur Visualisation so wichtig für jede Weiterentwicklung und Verbesserung unserer Lebenssituation.

Der kreative Prozeß besteht aus drei Stufen:

1. Der Geist wird mit Gedanken und Ideen gefüllt.
2. Eine gewisse Zeitspanne vergeht, in der nicht viel zu geschehen scheint. Während dieser Zeit verarbeitet der Geist die eingespeisten Ideen und Gedanken. Diese Zeitspanne kann wenige Stunden oder mehrere Tage umfassen oder sogar noch länger dauern.
3. Die Antwort oder Lösung taucht auf – möglicherweise in einem Blitz der Inspiration, einem »Geistesblitz«. Gewöhnlich erscheint sie als visuelles Bild, manchmal aber auch als konkrete Information oder in symbolischer Sprache.

Wie Sie sich selbst helfen können

Das Erste und Wichtigste ist, anzuerkennen, daß in Ihnen eine Quelle der Kreativität liegt, wie verborgen sie auch sein mag. Niemand wird ohne sie geboren – obgleich die Menschen in unserer Umgebung oder die Einflüsse unserer frühen Kindheit häufig die ersten äußeren Anzeichen für jene Kreativität im Keim erstickt haben. Wenn Sie sich bewußt sind, in welchem Bereich Ihre kreative Begabung liegt, haben Sie es ein wenig leichter als jemand, der keinerlei Vorstellung davon hat, wo sie liegen könnte. Sie können jedoch sicher sein, daß *jeder*, völlig unabhängig vom Alter, von der gesellschaftlichen Situation und von der akademischen Ausbildung, seine Kreativität entwickeln kann.

Finden Sie heraus, was Ihre Kreativität aktiviert

Im Leben jedes Menschen gibt es ruhigere Zeiten, in denen der Geist weniger intensiv mit den alltäglichen Problemen beschäftigt ist, die Beruf und Familie für uns alle mit sich bringen. In solchen Augenblicken sind Sie am besten in der Lage, Ihren Geist zu entspannen und ihn auf Ihr Unbewußtes einzustimmen.

Um diesen Geisteszustand zu erreichen, brauchen Sie nicht still zu sitzen. Manche können dies am besten während einer praktischen Tätigkeit, beispielsweise beim Umgraben des Gartens oder beim Bügeln, denn obwohl man bei solchen Tätigkeiten physisch sehr aktiv ist, erfordern sie gewöhnlich keine besondere geistige Anstrengung. Für viele Frauen ist die Zeit des Bügelns mit der rhythmischen Bewegung des Bügeleisens die ideale Zeit zum Tagträumen und zum Schwelgen in köstlichen Phantasien. Sie können diese »freie« Zeit nutzen, um Ihre Kreativität zu entwikkeln und dadurch Ihr Leben zu bereichern.

Vielleicht sind Sie aber auch einer oder eine von denjenigen, für die es wichtig ist, still zu sitzen oder sogar zu liegen, um den Geist von den Alltagsaktivitäten frei zu machen. In diesem Fall sollten Sie täglich eine kurze Zeit in diesem Zustand der Ruhe verbringen. Zwanzig Minuten täglich genügen, und das ist nun wirklich nicht viel Zeit, wenn man bedenkt, was Sie dadurch gewinnen können. Falls für Sie eine solche Zeit der Stille wichtig ist, sollten Sie versuchen, einen Zeitpunkt im Tagesverlauf oder am Abend zu finden, zu dem Sie wahrscheinlich nicht durch kleine Kinder, durch das Telefon oder durch dringende Termine gestört werden.

Entspannen Sie sich

Ganz gleich, welche Methode Sie bevorzugen, müßte es Ihnen mittlerweile leichter fallen, sich zu entspannen. Wenn Sie eine Entspannungstechnik eine Zeitlang geübt haben, müßte es Ihnen ziemlich schnell gelingen, auf einen ruhigen Zustand umzuschalten, ohne jedesmal die vorbereitenden Übungen wiederholen zu müssen. Andernfalls sollten Sie natürlich weiterhin die von Ihnen bevorzugte Entspannungsmethode Schritt für Schritt üben. Selbst für Fortgeschrittene ist es von Nutzen, hin und wieder zur Schritt-für-Schritt-Ausführung zurückzukehren, um die mittlerweile erworbene Erfahrung zu vertiefen.

Doch was hat Entspannung mit Förderung der Kreativität zu tun? Wie Sie bereits wissen, sind Sie nur im Zustand der Ausgeglichenheit des Geistes in der Lage, mit den tieferen Bereichen Ihres Unbewußten in Kontakt zu treten, und aus diesem Unbewußten erwächst alle echte Inspiration. Wenn Sie intellektuell artikulieren, daß Sie gerne Bilder malen oder Gedichte schreiben möchten, könnten Sie dabei einen verborgenen tiefen Wunsch übersehen oder gar leugnen, daß Sie in einem anderen Bereich kreativ sind.

Seien Sie geduldig

Inspiration stellt sich ein, wenn die Zeit dafür gekommen ist, und man kann nichts tun, um diesen Prozeß zu beschleunigen. Natürlich kann es sein, daß Sie sich bereits nach wenigen Tagen ziemlich sicher sind, in welche Richtung sie reisen wollen. Doch die meisten von uns trifft der ersehnte »Blitz der Inspiration« erst nach einer längeren Zeit des Übens und geduldigen Ausharrens. So geht es ja auch all den Schauspielern, Sängern und Musikern, die scheinbar »über Nacht zu Stars werden« – allerdings erst, nachdem sie viele Jahre lang hart und mühsam und oft ohne angemessene Honorierung gearbeitet haben.

Die Autorin Ruth Rendell, deren Bücher mittlerweile so populär geworden sind, sagte, sie habe ihr ganzes Leben lang geschrieben und bereits 15 Jahre vor ihrer »Entdekkung« Bücher publiziert, also bevor sie zum gefeierten »vielversprechenden jungen Talent« wurde!

Lernen Sie, Inspiration zu erkennen

Nur weil Sie sich beim Anstreichen der Garage oder während Sie auf dem Sofa liegen in den richtigen Geisteszustand versetzen, muß die Inspiration Sie nicht unbedingt zu diesem Zeitpunkt wie ein Blitz treffen. Durch diese Vorbereitungen bringen Sie sich lediglich in einen Zustand, in dem der geistige Keimungsprozeß beginnen kann. Ein Samenkorn, das unter idealen Bedingungen in die Erde versenkt wird, muß trotzdem selbst den Augenblick bestimmen, in dem es seinen ersten zarten Sproß aussendet, und nichts kann Ihnen garantieren, daß Sie genau zu diesem Zeitpunkt an der betreffenden Stelle stehen und den Vorgang beobachten können. Ihre Inspiration kann Sie auch zu einem Zeitpunkt treffen, zu dem Sie an etwas völlig anderes denken. Deshalb müssen Sie lernen, die Inspiration zu erkennen und zur Kenntnis zu nehmen.

Nehmen Sie dazu Ihre Intuition zur Hilfe; sie wird Sie nur selten im Stich lassen. Hören Sie auf jene leise innere Stimme, die Sie auf dem Pfad der Kreativität geleitet – möglicherweise in eine Richtung, auf die Sie sonst nie gekommen wären. Vielleicht werden Sie plötzlich merken, daß Sie im Begriff sind, eine faszinierende und erfüllende Reise anzutreten.

Machen Sie sich Notizen

Kreative Inspiration ist etwas sehr Flüchtiges, und weil sie sich zu unerwarteten und geradezu »ungelegenen« Zeitpunkten einstellen kann, muß man lernen, sie einzufangen, bevor sie wieder entschwindet.

Ob der Gedanke, der Ihnen plötzlich kommt, eine Idee für einen wundervollen Roman oder für eine wunderbare Erfindung ist oder gar die Antwort auf ein Problem aus dem beruflichen Bereich, das Sie gequält hat, schreiben Sie ihn auf! Wir alle glauben, wir würden uns später an solche brillanten Gedanken erinnern können, doch da unser Geist unentwegt von den vielen Nebensächlichkeiten des Lebens bestürmt wird, kann es passieren, daß solche Gedanken für immer verloren gehen, wenn wir sie nicht sofort aufschreiben. Ein paar Stichworte reichen gewöhnlich aus, um die Erinnerung zu aktivieren.

Ein hervorragender Spezialist auf dem Gebiet der Krebsforschung gab kürzlich im Fernsehen ein Interview. Dieser Mann hatte viele wichtige Neuentwicklungen in diesem Bereich initiiert. Er sagte, seine Ideen kämen ihm manchmal zu völlig unerwarteten Zeitpunkten – beispielsweise beim Rasieren oder während er seinen kleinen Sohn bade. Deshalb habe er es sich zur Gewohnheit gemacht, überall im Haus, in seinem Büro und in seinem Labor Notizblöcke und Stifte herumliegen zu lassen, damit er wichtige neue Gedanken überall und jederzeit sofort aufschreiben könne. Auch sagte er, einige dieser Gedanken und Ideen würden auf den ersten Blick gar nicht den Anschein erwecken, als könnten sie großen Einfluß auf seine Arbeit haben; erst später stelle sich manchmal heraus, daß Sie seinen Geist in eine bestimmte Richtung gelenkt hätten.

Machen Sie Ihre »Hausaufgaben«

Inspiration ist sicherlich sehr wichtig, doch wenn Sie auf irgendeine Weise kreativ sein und jene kostbaren Geistesblitze nutzen wollen, müssen Sie zunächst einmal Ihr Metier kennen. Sie können kein wunderschönes Konzert komponieren, wenn Sie nicht wissen, was die einzelnen Instrumente eines Orchesters spielen können. Sie werden mit Sicherheit kein Meisterwerk malen, wenn Sie noch nie etwas davon gehört haben, was eine Perspektive ist. Sie können kein raffiniertes neues Kochrezept erfinden, wenn Sie sich nicht darüber im klaren sind, was durch Mischen bestimmter Ingredienzen entsteht. Ganz gleich, in welchem Bereich Sie sich kreativ betätigen möchten, praktische Fähigkeiten und Sachkenntnis spielen in jedem Fall eine wichtige Rolle.

Visualisation kann Studenten helfen, ihre Prüfungsangst zu überwinden, aber wenn der betreffende Student sich nicht auf das Prüfungsthema vorbereitet, hilft ihm die Visualisation auch nicht. Hat er jedoch seine »Hausaufgaben« gemacht, so kann er durch Visualisation eines positiven Verlaufs der Prüfung verhindern, daß er sich durch seine eigene Nervosität zu Fall bringt.

Wenn Ihre Führerscheinprüfung unmittelbar bevorsteht, ist es sinnlos zu glauben, Sie könnten die Prüfung bestehen, ohne die Verkehrsregeln für Autobahnen zu kennen und ohne zu wissen, wie man ein Wendemanöver richtig ausführt. Visualisation kann Ihnen das nicht ersparen. In den meisten Fällen jedoch scheitern Fahrprüfungen an der nervösen Anspannung und am mangelnden Selbstvertrauen des Prüflings. In dieser Hinsicht vermag Visualisation Ihnen zu helfen. Wenn Sie Ihre »Hausaufgaben« gemacht haben, können Sie lernen, sich vorzustellen, daß Sie erfolgreich sein und erreichen werden, was Sie sich vorgenommen haben.

Tun Sie es!

Vergeuden Sie nicht all die kostbare harte Arbeit. Handeln Sie, sobald Sie können. Wenn die ersten Ergebnisse nicht Ihren Idealvorstellungen entsprechen, sollte Sie das nicht entmutigen. Alles, was zu erreichen sich lohnt, ist auch der Mühe wert, dafür zu arbeiten. Viele berühmte Köche haben als Küchenjungen angefangen, und die größten Künstler haben ihre Karriere oft als Farbenmischer ihrer Meister begonnen. Die traurigsten Gestalten sind diejenigen, die ständig über die Bücher sprechen, die sie *hätten* schreiben können, oder über die Kleidungsstücke, die sie *hätten* entwerfen können, oder über die Bilder, die sie *hätten* malen können – wenn nur... Sie brauchen nicht zu dieser Art von Menschen zu gehören. In Ihren Fingerspitzen und in Ihrem Unbewußten befindet sich alles Wissen und alle Intuition, die Sie brauchen, um ein wahrhaft kreativer Mensch zu werden. Vielleicht werden Sie nie ein Picasso, Molière oder Einstein werden, aber Sie werden ein erfüllteres und deshalb glücklicheres Leben führen. Und was ist die Alternative? Zu warten, bis Sie neunzig sind und dann zu sagen »wenn nur«?

Helfen Sie den Kindern

In fast allen heutigen Schulen wird in erster Linie die linke Gehirnhälfte ausgebildet. Der gesamte Unterricht orientiert sich an den Gesetzen der Logik und am Tatsachenwissen. Für die Nutzung und Entwicklung der Imagination bleibt meist kein Raum. Ich will gar nicht bestreiten, daß Logik und Tatsachenwissen wichtig sind, andererseits bin ich aber der Meinung, daß man es auch der Imagination ermöglichen sollte, sich zu entwickeln und so zur Erweiterung und ganzheitlichen Ausbildung des jungen Geistes beizutragen.

Bei aller Bevorzugung der linken Hirnhälfte sollte man nicht vergessen, daß die Kreativität in der rechten Hemisphäre des Gehirns beheimatet ist. Und Kreativität hat nicht nur etwas mit Malen oder Geschichtenerzählen zu tun. Die erfolgreichsten Geschäftsleute sind diejenigen, die durch ihre kreativen Einfälle ihren Konkurrenten überlegen sind. Ohne Kreativität gäbe es keine wissenschaftlichen Entdeckungen und keine Erfindungen. Doch nur Menschen, deren Geist die Möglichkeit gegeben wurde, frei umherzuschweifen, sind in der Lage, kreativ zu denken und ihre Inspiration zu entwickeln.

Nicht nur in den Klassenzimmern kommt die Imagination gewöhnlich zu kurz – in vielen Familien verbringen die Kinder ihre Freizeit vor dem Fernsehen oder an einer Computertastatur. Ein Kind, das Stunde um Stunde auf den Fernsehbildschirm starrt, wird so hypnotisiert von diesem Medium, daß es gute und geistlose Programme ohne jedes Unterscheidungsvermögen konsumiert. Und auf jedes Kind, das einen Computer kreativ und intelligent benutzt, kommen Hunderte, die ihre gesamte freie Zeit mit Computerspielen vergeuden.

Ich muß immer wieder an jenen kleinen Jungen denken, der sagte, er höre sich lieber Hörspiele im Radio an, als sich Filme im Fernsehen anzuschauen, weil im Radio die Bilder besser seien!

Es gibt natürlich auch heute noch Familien – und das sind die aufgeklärteren –, in denen kleine Kinder stundenlang mit imaginären Freunden spielen und implizit an den Weihnachtsmann und ähnliches glauben, was zur Entwicklung von Phantasie und Vorstellungskraft beiträgt! Viele andere Kinder jedoch werden gezwungen, ihre kreative Aktivität einzuschränken oder sie als etwas anzusehen, wofür sie sich schämen sollten, weil man ihnen ständig sagt, sie sollten nicht »dumm sein« oder sie sollten aufhören »am hellichten Tag zu träumen«.

Natürlich ist es einfacher, kleine Kinder vors Fernsehen zu setzen, als ihnen etwas vorzulesen oder sie dazu zu ermutigen, selbst etwas zu lesen und sich so die Welt der Imagination zu erschließen. Doch Kinder, die auf diese »altmodische« Weise aufgewachsen sind, sind die kreativen Erwachsenen der Zukunft. Sie werden unsere Wissenschaftler, Künstler und Erfinder werden – und die Lehrer der nachfolgenden Generation. Sie verdienen es, daß man ihnen Gelegenheit gibt, ihre kreative Imagination so früh wie möglich zu entwickeln.

Einer meiner Freunde ist Lehrer und unterrichtet eine Klasse von Neun- und Zehnjährigen. Er beweist durch seine Lehrmethode Tag für Tag, wie gut Kindern lernen, indem sie ihre Imaginationskraft entwickeln und benutzen. So hat er seinen Schülern beispielsweise von seinem Aufenthalt in einem Land in Zentralafrika erzählt. Nachdem er über Klima, geologische Beschaffenheit, Vegetation und so weiter gesprochen hatte, ließ er sie unter seiner Anleitung sehr detailliert visualisieren, sie würden in dem betreffenden Land leben. Sie schauten sich in ihrer Imagination das Innere und die Umgebung ihrer Häuser an, machten sich Notizen darüber, welche Gemüsearten sie auf ihrem Stückchen Ackerland anpflanzen konnten, und sie verfügten über das nötige Wissen, um mit ihren imaginären Familien weitgehend vom selbst Angebauten leben zu können. Sie sollten sich die Sonnenhitze und den Staub auf dem Boden vorstellen und visualisieren, sie würden die Kleidung der Eingeborenen tragen und für die Tiere sorgen, die man in jenem Teil der Welt als Haustiere hält. Die gesamte Visualisation dauerte nur zehn Minuten, doch das Bild wurde dadurch so fest im Geist der Schüler verankert, daß sie es wohl niemals vergessen werden.

Schlafen Sie darüber

Nehmen wir an, Sie suchen eine Lösung für ein Problem. Ganz gleich, ob es sich um ein kleines oder um ein großes Problem handelt, wenn Sie die im folgenden beschriebenen Schritte nacheinander ausführen, wird Ihnen das helfen, eine Antwort zu finden.

1. Entspannen Sie sich abends im Bett unmittelbar vor dem Einschlafen. Konzentrieren Sie sich dabei darauf, daß Ihr Körper schwer wird, die Atmung langsam und regelmäßig und Ihr Geist frei von Spannungen.

2. Visualisieren Sie Ihr Problem. Wenn Sie es in Bilder übersetzen können, um so besser. Wenn Ihr Problem eher abstrakter Natur ist, so versuchen Sie es mit einer der folgenden Methoden:

a) Stellen Sie sich vor, daß die Frage, auf die Sie sich eine Antwort wünschen, auf ein riesiges weißes Blatt Papier oder auf eine riesige Projektionsleinwand geschrieben wird. Stellen Sie sich vor, wie jedes Wort Buchstabe um Buchstabe erscheint, bis Sie die gesamte Frage vor Augen haben.

b) Visualisieren Sie sich selbst, wie Sie die Frage stellen. Dabei sollten Sie daran denken, daß die Imagination alle Sinne umfaßt. Es könnte also sein, daß Sie hören, wie Sie selbst die Frage aussprechen, ein Wort nach dem anderen. Sie brauchen nicht einmal die Person zu visualisieren, zu der Sie sprechen. Ob Sie sich diese als einen Weisen, als Ihr inneres Selbst oder als spirituellen Führer vorstellen, spielt keine Rolle. Entscheidend ist, daß die Frage jemandem gestellt wird, der weise genug ist, um sie Ihnen beantworten zu können.

3. Stellen Sie sich vor, Sie hätten die Antwort gefunden und das von Ihnen gewünschte Resultat erzielt. Vergessen Sie nicht, das Gefühl der Freude zu empfinden, das dieses Ergebnis bei Ihnen auslösen würde.

4. Lassen Sie sich in den Schlaf sinken. Das müßte nun sehr leicht sein, selbst für diejenigen, die normalerweise Schwierigkeiten haben einzuschlafen, denn wahrscheinlich sind Sie entspannter als gewöhnlich. Manche Menschen schlafen, nachdem sie diese Übung einen oder zwei Tage lang praktiziert haben, schon während des Übens ein. Das macht nichts. Wenn Sie den Ball erst einmal ins Rollen

gebracht haben, wird Ihr Unbewußtes sich, während Sie schlafen, um den Rest kümmern. Stellen Sie sich dies so vor, als würden Sie eine bespielte Kassette in ein Wiedergabegerät legen, dieses einschalten und dann den Raum verlassen. Auch wenn Sie nicht anwesend sind, um sie sich anzuhören, würde die Kassette bis zum Ende laufen.

5. Nach dem Aufwachen am nächsten Morgen und bevor Sie sich aus dem Bett erheben, notieren Sie sich die ersten Gedanken, die Ihnen in den Sinn kommen, ganz gleich, wie banal oder unwichtig sie zu sein scheinen. (Es empfiehlt sich, stets Notizblock und Bleistift neben dem Bett aufzubewahren, um die ersten Gedanken nach dem Aufwachen festhalten zu können.)

6. Untersuchen Sie, welches Muster in Ihren morgendlichen Gedanken zu erkennen ist, und versuchen Sie herauszufinden, welche Schlußfolgerungen dies nahelegt.

7. Sobald Sie die Lösung für Ihr Problem gefunden haben, sollten Sie echte Freude darüber empfinden, was Sie mit Hilfe der Macht Ihres eigenen Geistes erreicht haben.

Ein paar berühmte Gedanken

»Man kann die Imagination mit Adams Traum vergleichen – er wachte auf und stellte fest, daß das Geträumte der Wahrheit entsprach.«
Keats in einem Brief an Benjamin Bailey, 1817

»Wir sind der Stoff, aus dem die Träume sind; und unser kleines Leben ist umgeben von einem Traum.«
William Shakespeare, *Der Sturm*

»War es eine Vision oder ein Wachtraum? Verflogen ist jene Musik – wache oder träume ich?«
Keats, *Ode to a Nightingale*

ALLES, WAS SIE TUN KÖNNEN, KÖNNEN SIE AUCH BESSER MACHEN

Es gibt keinen Bereich in Ihrem Leben, in dem Sie Ihre Leistung nicht durch positive Visualisation verbessern könnten. Ob Sie nun in Ihrem Lieblingssport bessere Leistungen erbringen wollen, phantastische Geschäftsabschlüsse machen wollen, Prüfungen erfolgreich bestehen wollen, eindrucksvolle Reden halten und Präsentationen machen wollen oder einfach nur ein erfüllteres und befriedigenderes Leben führen wollen, Imagination und Visualisation können Ihnen helfen, all diese Ziele zu erreichen.

Die Welt des Sports

Nicht nur angehende Olympiateilnehmer möchten ihre sportliche Leistungsfähigkeit verbessern. Diesen Wunsch hat jeder, der schon einmal das Hochgefühl derjenigen verspürt hat, die sich im Sport an die Grenzen ihrer physischen Leistungsfähigkeit bringen. Schon seit langem gilt es in den Vereinigten Staaten wie auch in der Sowjetunion als erwiesen, daß hervorragende sportliche Leistungen nicht ausschließlich durch körperliches Training zustande kommen, sondern daß zusätzliche psychologische Unterstützung eine ziemlich wichtige Rolle dabei spielt. Deshalb haben die Nationalteams beider Länder nicht nur Trainer für die physische Leistungsfähigkeit der Sportler angestellt, sondern auch psychologische Berater, die den Athleten und Team-Mitgliedern helfen sollen, sich mental und emotional bestmöglich auf Spitzenleistungen vorzubereiten.

Dieses psychologische Training umfaßt stets auch Visualisationsübungen. Es ermöglicht den Sportlern, ihr Potential optimal zu nutzen. Es soll kein Ersatz für Körpertraining sein, trägt aber mit Sicherheit dazu bei, die Ergebnisse, die durch ausschließlich physisches Training erzielt werden können, erheblich zu steigern.

Der Hypnotherapeut und Psychologe Romark wirkte in den 70er Jahren bei 52 Football-Spielen mit. Er arbeitete jeweils mit dem Team, das als das »Underdog«-Team angesehen wurde – also mit demjenigen, das von vorneherein zum Verlierer prädestiniert zu sein schien. In jedem dieser 52 Spiele gewann das Team, dem Romark Visualisationstechniken beigebracht hatte. Nicht ein einziges Spiel ging unentschieden aus.

Beim Gruppensport ist häufig das Team siegreich, dessen Mitglieder Visualisationsübungen praktizieren. In jeder Gruppe besteht eine relativ hohe Wahrscheinlichkeit, daß sich jeweils einige Mitglieder ein wenig unwohl fühlen. Der eine Spieler hat leichte Zahnschmerzen; ein anderer hat gerade eine Meinungsverschiedenheit mit dem Ehepartner gehabt; wieder jemand anders macht sich Sorgen wegen seiner Steuererklärung. Wenn es gelingt, durch Visualisationsübungen alle Spieler dazu zu bringen, ihre individuellen Sorgen für die Dauer des Spiels zu vergessen und sich ganz auf den Wunsch zu gewinnen zu konzentrieren sowie auf das Wissen, daß dies erreichbar ist, ist der Sieg so gut wie sicher, selbst wenn das Team für schwächer als das gegnerische gehalten wird.

Bei einzelnen Sportlern und Sportlerinnen hingegen führt die Anwendung von Visualisation nicht mit so hoher Wahrscheinlichkeit zum Sieg – doch in jedem Fall wird die Leistung besser ausfallen als jemals zuvor. Natürlich kann, wenn zwei Läufer beim gleichen Wettkampf mit Visualisationstechniken arbeiten, nur einer von beiden gewinnen – und das wird derjenige sein, dessen physische Leistungsfähigkeit besser ist. Wahrscheinlich wird in solch einem Fall aber auch der unterlegene Gegner seine bisherige persönliche Bestleistung erreichen.

Psychologische Barrieren

In allen Lebensbereichen – und insbesondere gilt das in der Welt des Sports – gibt es scheinbar unüberwindbare psychologische Barrieren. In der Vergangenheit ist immer wieder behauptet worden, ein Mensch könne eine Meile (ca. 1,6 km) nicht in weniger als vier Minuten laufen – bis Roger Bannister genau das gelang! Nach seinem Rekord wurde dieses Ergebnis schon kurze Zeit später erneut erreicht. Die Barriere existierte einfach nicht mehr, und deshalb waren nun plötzlich auch andere in der Lage, diese bislang »undenkbare« Glanzleistung zu schaffen.

Ebenso gab es einmal die felsenfeste, allgemein akzeptierte Überzeugung, daß ein Mensch keine 500 (englische) Pfund (etwa 226,8 kg) heben könne. Derjenige, dem dies schließlich doch gelang, schaffte dies nur, weil er *glaubte*, er würde ein niedrigeres Gewicht heben. Deshalb hatte jene unüberwindbare psychologische Barriere keine Wirkung auf ihn gehabt. Auch dieses Ergebnis ist seither von anderen wiederholt worden.

Erlegen auch Sie Ihrer Leistungsfähigkeit ähnliche Barrieren auf? Glauben Sie, daß Sie nur eine bestimmte Strecke weit laufen können, nur bis zu einer bestimmten Höhe springen oder einen Wurfspieß nur über eine bestimmte Entfernung werfen können? Nichts kann Sie daran hindern, jene Grenzen zu überschreiten, die Sie immer für das Äußerste Ihrer Möglichkeiten gehalten haben. Niemand kann Ihnen garantieren, daß Sie aus irgendeinem Wettkampf als Sieger hervorgehen werden – das hängt von Ihrer physischen Leistungsfähigkeit ab und von der Vorbereitungszeit, die Sie aufwenden. Doch Sie werden in jedem Fall wesentlich besser abschneiden als je zuvor, und sobald

Sie Ihre eigene Leistungsbarriere erst einmal durchbrochen haben, können Sie sich von Mal zu Mal steigern.

Positive Affirmationen

Viele berühmte Sportler kombinieren physisches Training mit Visualisation und positiven Affirmationen, um vor einem Wettkampf einen Zustand optimaler Leistungsfähigkeit zu erreichen. Erinnern Sie sich nur an Mohammed Ali und seine ständigen Beteuerungen: »Ich bin der Größte«. Natürlich war Ali auch ein großartiger Showman, der es genoß, die allgemeine Aufmerksamkeit auf sich zu ziehen, doch seine ständigen Aussprüche darüber, wie er seinen Gegner vernichten wolle, hatten noch einen wesentlich wichtigeren Aspekt: Jedesmal, wenn er eine seiner positiven Affirmationen aussprach, verstärkte er dadurch seine eigenen Überzeugungen über seine Fähigkeiten – er »baute sich psychisch auf« –, um sich selbst von der Richtigkeit dessen, was er sagte, zu überzeugen. Natürlich unterminierte er dadurch gleichzeitig das Selbstvertrauen vieler seiner Gegner – und er war sich dessen sehr wohl bewußt.

Autogenes Training

Das autogene Training hat sich aus Formen der Hypnose und Selbsthypnose entwickelt. Man fand heraus, daß einige Menschen, die auf Suggestionen unter Hypnose mit starkem Widerstand reagierten, sehr positiv auf Selbstsuggestionen ansprachen. Die ersten Stufen des autogenen Trainings sind denen der am Anfang des Buches beschriebenen Entspannungstechnik sehr ähnlich. Nur wird der Entspannungszustand beim autogenen Training in sechs festgelegten Stufen erreicht:

1. *Der rechte Arm* (gilt für Rechtshänder; bei Linkshändern ist es der linke Arm): Stellen Sie sich vor, Ihr rechter

Arm wird schwerer und schwerer. Falls notwendig, können Sie ihn als in einen schweren Verband eingehüllt oder durch ein Bleigewicht beschwert visualisieren.

2. *Die rechte Hand* (oder bei Linkshändern die linke Hand): Stellen Sie sich vor, daß diese Hand wärmer wird. Je mehr Sie sich konzentrieren, um so wärmer scheint sie zu werden. Vielleicht verspüren Sie sogar ein Kribbeln, wie wenn ein Körperglied »einschläft«, was aber nicht schmerzhaft ist.

3. *Der Puls:* Stellen sie sich vor, daß Ihr Puls ruhig und kräftig schlägt. Wenn Sie wollen, können Sie den Pulsschlag auch im Inneren Ihres Kopfs hören. Während Sie sich auf Ihren Puls konzentrieren, wird Ihr Herzschlag kräftiger und regelmäßiger.

4. *Die Atmung:* Konzentrieren Sie sich darauf, einen langsamen, gleichmäßigen Atemrhythmus zu erreichen. Wichtig ist nicht, ob Sie besonders tief atmen, sondern der langsame, regelmäßige Rhythmus.

5. *Der Solarplexus* (der Bereich unmittelbar unter dem Nabel): Stellen Sie sich vor, daß dieser Bereich wärmer und wärmer wird. Vielleicht fällt es Ihnen dies leichter, wenn Sie sich vorzustellen, daß die Hitze in Form eines hellen Lichts in diesen Teil des Körpers eindringt und ihn erfüllt.

6. *Die Stirn:* Werden Sie sich bewußt, daß Ihre Stirn kühl und entspannt, aber nicht kalt ist. Weil Ihr Kopf kühl und nicht angespannt ist, ist auch Ihr Geist kühl und unter Kontrolle.

Wie Sie sehen, konzentriert sich das autogene Training nicht ausschließlich auf Entspannung und Gefühle der Schwere, sondern es induziert auch Gefühle der Wärme im Körper und der Kühle im Kopfbereich. Es ist wichtig, die einzelnen Schritte in der richtigen Reihenfolge auszuführen und genügend Zeit mit jeder Übungsstufe zu verbringen, bis sich das entsprechende Gefühl wirklich einstellt.

Es genügt nicht, Sätze wie »Meine Hand ist warm« herunterzuleiern. Vielmehr müssen Ihre Bemühungen dazu führen, daß Sie die Wärme wirklich *fühlen*; erst dann sollten Sie zum nächsten Schritt übergehen. Obgleich es zunächst viel Zeit erfordern mag, diese Methode zu praktizieren, wird es Ihnen durch regelmäßiges Üben wahrscheinlich gelingen, sich der betreffenden Empfindungen ziemlich schnell bewußt zu werden.

Der Wert des autogenen Trainings liegt insbesondere im Bereich des Sports darin, daß es Ihnen ermöglicht, sich mental und psychisch vorzubereiten. Selbst wenn Sie es dabei bewenden lassen und nicht zur Stufe der Visualisation übergehen, werden Sie sich in einer besseren physischen Verfassung befinden, und Ihre Bereitschaft, Ihr Bestes zu geben, wird größer sein.

Visualisation
Nachdem Sie Ihr allgemeines Gefühl des Wohlbefindens durch autogenes Training verbessert haben, können Sie die positive Visualisation einsetzen, um Ihre Ziele zu erreichen. Dazu können Sie verschiedene Methoden benutzen, von denen einige weiter unten beschrieben werden. Vergessen Sie jedoch nie, daß Sie der Regisseur dieses Films sind und daß Sie alle Szenen so abändern können, wie Sie wollen. Je besser das Drehbuch Ihren Wünschen und Ihrer persönlichen Eigenart entspricht, desto besser wird das Ergebnis.

Äußere Bedingungen
Eine Technik, die in erster Linie bei Rennbahnsport und Wintersportarten zu guten Ergebnissen führt, ist die Visualisation der konkreten Bedingungen, die den Sportler bei seiner Teilnahme am betreffenden Wettkampf wahrscheinlich erwarten. Ein Läufer beispielsweise sollte sich zunächst die Laufstrecke in der Realität genau anschauen –

er sollte sie abgehen oder darauf joggen. Falls dies nicht möglich ist, sollte er Film- oder Videoaufnahmen studieren, die die Strecke zeigen, und mit Kollegen sprechen, die vor ihm auf dieser Bahn gelaufen sind. So kann er sich mit den besonderen Eigenarten der betreffenden Laufstrecke vertraut machen und herausfinden, was ihm vermutlich aufgrund seines persönlichen Stils und seiner speziellen Lauftechnik Probleme bereiten wird. Sobald der Läufer sicher ist, daß er die Bahn gut kennt, sollte er bei der Visualisation alle denkbaren Schwierigkeiten einbeziehen sowie Methoden, diese zu überwinden. Wenn er dann schließlich auf der Bahn läuft, werden ihn deren spezielle Eigenarten nicht mehr überraschen, weil er sich bereits darauf programmiert hat.

Persönliche Leistungsfähigkeit
Es gibt zwei unterschiedliche Ansatzpunkte, um die Visualisation zur Verbesserung der persönlichen Leistungsfähigkeit einzusetzen. Der erste ist, die Leistung im allgemeinen zu verbessern, der zweite, spezifische Probleme zu beheben, die von Zeit zu Zeit auftreten.

Verbessern der Leistungsfähigkeit im allgemeinen
Die im folgenden beschriebene Technik hat sich als äußerst wirksam erwiesen – vorausgesetzt natürlich, daß Sie nicht aufhören, auf konventionelle Weise zu trainieren.
Marcia war eine ausgezeichnete Tennisspielerin. Sie spielte im Tennisclub an ihrem Wohnort und setzte ihren ganzen Ehrgeiz daran, bei der Clubmeisterschaft gut abzuschneiden. Sie dachte jedoch nicht daran, an Wettkämpfen auf nationaler oder internationaler Ebene teilzunehmen. Sie wollte beim Tennis ihren Spaß haben und so gut wie möglich spielen.
Nun war Marcia zwar eine recht erfahrene Spielerin, aber ihr Stil war etwas exzentrisch, da sie oft ihrem Tempe-

rament die Zügel schießen ließ, was sich negativ auf ihre Leistung auswirkte. Wenn sie das Gefühl bekam, daß sie wieder einmal nicht gut spielte, wurde sie wütend auf sich selbst, was zur Folge hatte, daß sie noch schlechter spielte. In vielen Wettkämpfen war es nicht der Gegner, der Marcia besiegte, sondern sie selbst. Sobald sie die Beherrschung verlor, fing sie an, Doppelfehler zu machen oder den Ball ins Netz zu schlagen.

Der erste Teil von Marcias Visualisationstraining hatte nichts mit irgendeinem Gegner zu tun. Sie wurde ermutigt, die Dinge eins nach dem anderen anzugehen, jeden Schritt zunächst mehrere Tage lang zu visualisieren und erst dann zu versuchen, das Visualisierte auch praktisch zu üben. Sie arbeitete nach dem folgenden Programm:

1. Sie sollte sich zunächst vorstellen, sie stehe an der Grundlinie des Spielfeldes, hielte ihren Tennisschläger in einer Hand und einen Tennisball in der anderen. Dabei sollte Sie sich die Zeit nehmen, zu spüren, wie sich diese beiden Gegenstände anfühlten – das Gewicht des Schlägers, die Oberflächenstruktur des Balls. Dann sollte sie in der Imagination den Ball in die Luft werfen und ihn auf die andere Seite des Spielfeldes schlagen, jedoch nicht versuchen, besonders brillante oder unhaltbare Bälle zu schlagen. Sie brauchte sich nur vorzustellen, daß *jeder* Ball, den Sie schlug, im richtigen Teil des Sielfeldes landete; keiner ging ins Netz, und nie schlug sie einen Doppelfehler. Während sie sich diese Szene vorstellte, sollte sie von der *Gewißheit* erfüllt sein, daß der Ball jedesmal genau da landen würde, wo sie ihn haben wollte, und daß Ihre Füße fest auf der Grundlinie stehenblieben.

2. Sobald Marcia dazu überginge, diese erste Stufe auf dem Tennisplatz zu üben, sollte sie sich vorstellen, sie spiele mit einer verbesserten Technik. Sie visualisierte, daß sie den Ball fester schlug, so daß er schneller flog und genau

dort landete, wo sie ihn haben wollte. Auch in diesem Fall ging es nicht nur darum, eine bildliche Vorstellung zu entwickeln, sondern Marcia sollte auch die dazu erforderliche Anstrengung und die Freude über das positive Ergebnis visualisieren.

3. Die nächste Stufe erforderte die Mithilfe eines befreundeten Tennisspielers oder eines Trainers. Marcia visualisierte, sie sei in der Lage, jeden Ball zurückzuschlagen, der übers Netz in ihr Feld kam – und ihn so zurückzuschlagen, daß er innerhalb des gegnerischen Spielfeldes aufschlug. In dieser Phase interessierte es sie noch nicht, den Ball so zu plazieren, daß der Gegner ihn nicht erreichen konnte; es ging vielmehr einfach darum, daß Sie selbst jeden Ball erreichen und zurückschlagen konnte, und zwar sowohl mit der Rückhand als auch mit der Vorhand. Sie bat ihren Trainingspartner, nicht zu versuchen, Punkte zu sammeln, sondern die Bälle einfach übers Netz zu schlagen, so daß Marcia sie erreichen und zurückschlagen konnte.

4. Nachdem Sie geübt hatte, jeden Ball zurückzuschlagen, wurde Marcia gebeten zu visualisieren, daß sie auch schwierigere Returns schlagen könnte. Sie sollte sich vorstellen, sie müsse über den ganzen Platz laufen, um Bälle zu erreichen, die außerhalb ihrer Reichweite flogen, und sie sollte versuchen, mit Bällen fertig zu werden, die von ihrem Gegner gedreht oder geschmettert worden waren. Sie übte diese Visualisation 14 Tage lang, bevor sie sich zum ersten Mal an ein Freundschaftsspiel auf einen realen Tennisplatz wagte.

Obwohl Marcia niemals soviel trainierte, daß sie ein Wimbledon-Champion hätte werden können, stellte sie fest, daß durch die Anwendung dieser Methode sowohl ihr Selbstvertrauen als auch ihre Spielkünste erheblich verbessert wurden. Sie gewann nun Spiele gegen Gegner, die sich vorher für ihr weit überlegen gehalten hatten, und sie wußte sich sogar recht gut zu behaupten, wenn sie gegen jemanden spielte, der wesentlich bessere technische Voraussetzungen als sie selbst hatte. Doch was sie am meisten freute, war, daß sie nicht länger zum Opfer ihres eigenen Temperaments wurde, sondern in der Lage war, in allen Situationen kühl und ruhig zu bleiben und ihr Selbstvertrauen zu bewahren.

Überwindung von (speziellen) Problemen
Mike ist ein professioneller Golfer, der an nationalen und internationalen Turnieren teilnimmt. Vor ungefähr zwei Jahren befand er sich in einer Phase, in der seine Leistungsfähigkeit nachließ. Er gelang ihm zwar immer noch, den Ball so zu schlagen, daß er den Putting-Green erreichte, aber sein Putten war nicht mehr das, was es früher einmal gewesen war. Je größer seine Angst wurde, er könnte den Ball nicht auf zufriedenstellende Weise ins Loch befördern, desto schlimmer wurde die Situation. Statt ruhig und beherrscht zu bleiben, wurde er plötzlich von Gedanken wie »Diesmal *darf* ich nicht versagen« bedrängt. Dadurch verstärkte er die Bilder, die ihn als potentiellen Versager zeigten.

Nun spiele ich selbst kaum Golf. Meine Erfahrung in diesem Sport erschöpft sich darin, daß ich gelegentlich einmal am Meer ein paar Bälle geschlagen habe. Doch nachdem ich Mike beigebracht hatte, die positive Visualisation anzuwenden, gelang es ihm, seine Schwierigkeiten zu überwinden, die er selbst erst zu einem manifesten Problem gemacht hatte.

1. Mike erlernte und übte Entspannungsmethoden und Techniken des autogenen Trainings.
2. Als nächstes sollte er sich vorstellen, er würde auf dem Golfplatz stehen, den Ball zu seinen Füßen, nur ein paar

Meter vom Loch entfernt. Diese Entfernung hatte er vor dem Auftreten seiner Probleme immer mühelos bewältigt. Dann sollte er visualisieren, er schlüge den Ball mit ausreichender Kraft und Genauigkeit, so daß er direkt ins Loch rollte. Dies wurde Mal und Mal wiederholt, wobei der Ball jeweils in unterschiedlichen Positionen lag. (Für die Zeit, in der Mike mit dieser Visualisation arbeitete, bat ich ihn, so wenig wie möglich in der Realität das Putten zu üben.)

3. Als nächste Stufe sollte Mike einige Zeit auf dem Golfplatz üben, allerdings nicht in einer Wettkampfsituation. Weil er das Putten wiederholt im Geist geübt hatte und dabei jedesmal erfolgreich gewesen war, gelang ihm dies auch auf dem Golfplatz. Er brauchte nicht zu lernen, welchen Golfschläger man jeweils verwendet und wie man ihn hält oder welche Körperhaltung man einnimmt – das wußte er seit vielen Jahren. Auch war es nicht so, daß seine physischen Fähigkeiten ihn im Stich gelassen hatten. Seine geistige Einstellung hatte die Probleme verursacht, und nachdem er sich mit Hilfe von Visualisationsübungen in den richtigen Geisteszustand versetzt und sein verlorenes Selbstvertrauen wieder gewonnen hatte, waren seine Fähigkeiten und seine Technik plötzlich wieder da. Als er erst einmal davon überzeugt war, daß er jeden Ball erfolgreich putten konnte, wenn es sich nicht um ein Turnier handelte, war es natürlich für Mike, der ja schon seit langem Berufsgolfer war, nur noch ein kleiner Schritt, auch bei Wettkämpfen wieder ebensogut zu spielen.

Imaginärer Beistand
Manchen Sportler und Sportlerinnen hat eine imaginäre Form von Beistand geholfen, ihre Leistungen dramatisch zu verbessern.

Jay ist Marathonläufer und lebt in der Nähe von Los Angeles in den Vereinigten Staaten. Er hat eine eigene Form von Visualisation entwickelt, die ihm hilft, die Erschöpfungserscheinungen zu überwinden, die so viele Langstreckenläufer befällt. Er benutzt seit vielen Jahren positive Visualisation, um seine Leistung zu verbessern, doch erst vor etwa 18 Monaten fing er an, eine neue Methode anzuwenden.

Während Jay Visualisation übt, stellt er sich vor, daß ihn beim Laufen ständig eine riesige Hand begleitet. Er hat das Gefühl, daß diese Hand da ist, um ihm zu helfen und um ihn zu unterstützen – eine »helfende Hand« im wahrsten Sinne des Wortes. Wenn die Erschöpfungssymptome sich melden, stellt Jay sich einfach vor, er halte sich an jener Hand fest oder lehne sich dagegen, wodurch er die notwendige Unterstützung oder den Impuls bekommt, den er braucht, um seine Kraft wiederzuerlangen. Das visuelle Bild der Hand ist für ihn sehr real, und es begleitet ihn während des ganzen Marathonlaufs. Ganz gleich, ob er es braucht oder nicht, in jedem Fall ist es da, um ihm notfalls zu helfen. Jay hat mir erzählt, in vielen Situationen bewirke schon allein das Wissen, sich notfalls auf diese imaginäre Hand stützen zu können, daß er die Hand überhaupt nicht brauche.

Sally ist Torschützin eines englischen Volleyball-Teams für Frauen. Natürlich verbringt sie viel Zeit mit Körpertraining; außerdem benutzt sie seit längerer Zeit Visualisationstechniken und hat herausgefunden, daß dadurch ihre Leistungsfähigkeit erheblich verbessert worden ist. Eines der Bilder, die sie benutzt, ist das von zwei Magneten, die einerseits am Korb und andererseits am Ball befestigt sind. Diese Magneten ziehen den Ball unweigerlich ins Netz, ganz gleich, wo Sally steht, wenn sie ihn wirft.

Natürlich wird niemand allein durch ein solches Bild zu einem guten Torschützen. Selbstverständlich beherrscht Sally auch die Bewegungen, die der Körer ausführen muß, damit der Ball genau im Netz landet. Die Visualisation gibt ihr zusätzlich die Konzentration und das Selbstvertrauen,

die sie zu einem der gefragtesten und erfolgreichsten Mitglieder ihres Teams machen.

Diese beiden Beispiele zeigen, wie zwei völlig unterschiedliche Menschen die Visualisation benutzen. Wenn
Sie meinen, derartige Bilder könnten auch Ihnen helfen, so
sollten Sie sich eine für Sie passende visuelle Hilfe überlegen. Haben Sie keine Angst davor, daß das Bild lächerlich
wirken oder über-lebensgroß werden könnte; oft ist es am
leichtesten, sich ein etwas übertriebenes Bild – wie Jays
Hand ohne Körper – vorzustellen.

Heldenverehrung

Die meisten Menschen, die entweder als Einzelkämpfer
oder in Mannschaften sportlich aktiv sind, haben Idole –
diejenigen in ihrer Sportart, deren sportliches Können sie
am meisten bewundern. Häufig wirkt es sich positiv auf
ihre Leistungsfähigkeit aus, wenn es ihnen gelingt, sich
vorzustellen, daß sie genau wie ihr Held oder ihre Heldin
spielen (bzw. sich verhalten). Ein Football-Spieler in
Yorkshire ging sogar so weit, in ein Foto von sich selbst auf
einem Poster seines Teams den Kopf seines Idols einzusetzen. Wenn er sich Fernsehübertragungen oder Videos von
dem Spieler anschaute, den er so sehr bewunderte, stellte er
sich vor, er selbst sei derjenige, der die Meisterstücke seines
Vorbildes vollbrächte. Wenn dieser Mann aus Yorkshire
dann selbst in einem Spiel mitwirkte, stellte er sich vor, er
sei mit seinem Idol identisch, und war dadurch in der Lage,
wesentlich besser zu spielen als zuvor.

Beruf und Geschäftsleben

Positive Visualisation kann das Leben eines Geschäftsmannes oder einer Geschäftsfrau völlig verändern. Visualisation kann auf viele verschiedene Weisen eingesetzt werden, um Gedanken zu nutzen, Beziehungen zu anderen
Menschen zu verbessern und Streß zu verringern. Im folgenden werden vier unterschiedliche Situationen im Ge-
schäftsleben beschrieben und wie man in diesen Fällen
Visualisationstechniken anwenden kann. Natürlich können Sie selbst beliebige andere Anwendungsmöglichkeiten
für die Visualisation hinzufügen.

Zeitorganisation

In allen Unternehmen, großen wie kleinen, wird durch
mangelhafte Planung eine ungeheure Menge Zeit ver-
schwendet. Die Effizienz des Einzelnen – und damit des
ganzen Unternehmens – wird dadurch drastisch verringert. Und verringerte Effizienz läßt auch den Profit
schrumpfen – Sie sehen also, daß wir es hier mit einem sehr
realen Problem zu tun haben.

Ob es sich um eine Schreibkraft handelt, auf deren Tisch
sich Berichte stapeln, die sie abtippen, und Briefe, die sie
beantworten muß, oder um den Direktor des Unternehmens, der Besprechungen und Konferenzen organisieren,
Aufgaben deligieren und sich auf die langfristige Zukunfts-
planung konzentrieren muß – die Probleme kann man in
allen Fällen auf genau die gleiche Art angehen.

1. Stellen Sie eine Liste aller Arbeiten auf, die Sie in
nächster Zeit erledigen müssen.

2. Lesen Sie diese Liste mehrmals durch.

3. Schließen Sie nun die Augen und entspannen Sie sich.
Dann stellen Sie sich vor, Sie würden an einem Schreibtisch
sitzen, und vor Ihnen stünden drei große Behälter. Einer

trüge die Aufschrift »dringend«, der zweite »wichtiger« und der dritte »weniger wichtig«. Außerdem läge vor Ihnen ein Stapel Blätter, und auf jedem dieser Blätter stünde eine Ihrer Aufgaben von der Liste geschrieben. Visualisieren Sie nun, Sie würden jeweils eines dieser Blätter nehmen, das Geschriebene lesen *und verstehen* und das Blatt dann in einen der drei Behälter legen. Fahren Sie damit so lange fort, bis der Stapel mit den Blättern völlig verschwunden ist.

4. Wenn Sie die Visualisation abgeschlossen haben, werden Sie feststellen, daß Sie nun wesentlich klarere Prioritäten haben. Sie müssen nur noch entsprechend diesen Prioritäten handeln. Sie werden feststellen, daß sich Ihr Schreibtisch wesentlich schneller leert und daß Sie sich Ihre Arbeit nicht unnötig erschweren, indem Sie Zeit damit vergeuden zu entscheiden, was Sie sich als nächstes vornehmen sollen.

Umgang mit Problemen

Diese Methode soll Ihnen helfen, mit schwierigen Situationen jeder Art fertigzuwerden, die im Berufsleben auftreten können – und die natürlich von Mensch zu Mensch unterschiedlich sind. Ob Sie sich mit Kunden auseinandersetzen müssen, mit ständigen Unterbrechungen durch Telefonanrufe, mit Fehlern von Untergebenen oder einfach mit dem Steuerprüfer, in jedem Fall ist viel gewonnen, wenn Sie es schaffen, in Problemsituationen jeder Art ruhig zu bleiben, denn:

1. Das Problem wird dadurch wesentlich schneller behoben, so daß Sie sich wieder den Arbeiten widmen können, die Sie erledigen müssen.

2. Wenn Sie ruhig und kontrolliert bleiben, ist die Wahrscheinlichkeit größer, daß auch Ihr Gegenüber sich so verhalten wird. Deshalb wird es Ihnen wesentlich leichter

fallen, mit der Situation zurechtzukommen, und wahrscheinlich werden Sie auch zufriedenstellendere Ergebnisse erzielen.

3. Sie vermeiden die Auswirkungen von Streß infolge Ihrer Unfähigkeit, mit den Problemen fertig zu werden, die im Leben jedes Menschen auftreten, der einen Beruf ausübt. Abgesehen davon, daß Streß Ihre Leistungsfähigkeit erheblich schwächt, ist er auch gesundheitsschädlich und macht Sie anfälliger für eine Vielzahl von Krankheiten.

Finden Sie den Problembereich in Ihrem Berufsleben. Falls es mehrere geben sollte, so wählen Sie darunter zunächst denjenigen aus, mit dem Sie beginnen wollen; mit den übrigen können Sie sich später auseinandersetzen. Nachdem Sie sich entspannt haben, visualisieren Sie, wie Sie auf ruhige und beherrschte Weise mit der Situation umgehen. Konzentrieren Sie sich beim Üben auf die Atmung – sie sollte langsam und regelmäßig sein. Stellen Sie sich vor, Sie würden die Probleme und Störungen genau auf die Weise bewältigen, die Ihnen am liebsten wäre, und infolge Ihrer Haltung wäre auch die Haltung aller übrigen beteiligten Personen ruhig und entspannt – keine hysterisch erhobenen Stimmen, keine wütenden Gesten. Möglicherweise werden Sie dies eine Weile üben müssen, bevor es eine deutlich wahrnehmbare Auswirkung auf Ihr Alltagsleben hat. Wenn Sie jedoch genügend Ausdauer haben, können Sie sicher sein, daß sich der Erfolg einstellen wird.

Entscheidungen treffen

Ob Sie nun selbständig arbeiten, von einem Arbeitgeber angestellt oder für das Management einer multinationalen Firma verantwortlich sind, im Berufsleben sind ständig unzählige Entscheidungen zu treffen. Je wichtiger eine Entscheidung ist und je weitreichender ihre Folgen sind, desto schwieriger ist es, sie zu treffen. Manchmal verbringt man soviel Zeit damit, über eine Entscheidung nachzudenken, daß es schließlich kaum noch möglich ist, sich zu entscheiden – einmal ganz abgesehen davon, ob die getroffene Entscheidung letztendlich die richtige ist. Auch hierbei kann Visualisation helfen.

Seit vor sechs Jahren Martins Stelle in einer großen Organisation wegrationalisiert worden war, hatte er ein eigenes Unternehmen. Es war allmählich gewachsen, obgleich es immer noch im wesentlichen eine »One-Man-Show« war, die aus Martin, einer Hilfskraft und einer auf Teilzeitbasis arbeitenden Sekretärin und Buchhalterin bestand. Obgleich er nicht gerade ein Vermögen verdiente, war Martin recht zufrieden mit seinen Erfolgen. Dann ergab sich plötzlich für ihn eine Gelegenheit, seinen Umsatz ganz erheblich zu steigern. Doch dazu hätte er seine Firma vergrößern müssen. Er hätte neue Mitarbeiter einstellen und größere Geschäftsräume anmieten müssen. Außerdem gab es keinerlei Garantie dafür, daß nach Erledigung dieses Auftrags weitere von ähnlichem Umfang folgen würden. Martin war in einer verzwickten Situation. Es boten sich ihm mehrere Entscheidungsalternativen:

1. Er konnte seine Firma vergrößern und darauf hoffen, daß vielleicht andere, ebenso einträgliche Aufträge folgen würden.

2. Er konnte versuchen, die Firma nur allmählich auszuweiten, allerdings könnte er dann den aktuell sich anbietenden Auftrag nicht übernehmen.

3. Er konnte einfach so weitermachen wie in den letzten Jahren. Er würde dann genügend verdienen, um auskömmlich leben und seine Rechnungen immer bezahlen zu können, doch nicht mehr.

Martin dachte eine Zeitlang über die verschiedenen Alternativen nach, sprach mit seiner Frau darüber und holte auch den »Experten«-Rat von Freunden und Kollegen ein, doch dadurch wurde er noch verwirrter und unsicherer darüber, welchen Weg er denn nun einschlagen sollte. Schließlich erhielt er den Rat, Visualisation als Entscheidungshilfe zu nutzen. An den folgenden drei Abenden, wenn er sich zum Schlafen hinlegte, entspannte er sich zunächst und wählte dann eine der drei sich ihm bietenden Entscheidungsmöglichkeiten aus. Diese spielte er im Geist mit allen Konsequenzen durch – angefangen von den unmittelbaren Folgen bis hin zu den langfristigen Auswirkungen. Nach diesen drei Abenden war er in der Lage, eine klare Entscheidung zu treffen.

Obgleich in diesem Beispiel von einem Unternehmer die Rede ist, läßt sich die Methode ebensogut anwenden, wenn Sie irgendeine andere wichtige Entscheidung in Ihrem Leben treffen müssen. Indem Sie die Dinge klar sehen, zu einem Zeitpunkt, zu dem Ihr Geist ruhig und leerer ist als gewöhnlich – und indem Sie sich Ihre verschiedenen Alternativen *nacheinander* vor Augen führen, statt zu versuchen, sofort mehrere miteinander zu vergleichen –, wird Ihr Unbewußtes Ihnen helfen, jenes undurchdringliche Netz zu entwirren, das Ihr Bewußtsein gesponnen hat. Manchmal genügt schon die Visualisation allein, und die Antwort wird klar. In anderen Fällen, in denen nicht so klar ist, welche Richtung man am besten einschlägt, muß die gesamte Erfahrung und alles Wissen des Unbewußten das logische Denken unterstützen.

Probleme im Umgang mit Menschen
Ganz gleich, ob Sie Arbeitgeber, Angestellter oder Kunde sind, jeder hat gelegentlich Schwierigkeiten im Umgang mit anderen Menschen. Der Arbeitgeber mag der Ansicht sein, er müsse einen Mitarbeiter einstellen oder einem kündigen, er müsse jemandem einen Verweis erteilen oder jemanden bitten, eine zusätzliche Arbeit zu übernehmen.

Ein Angestellter mag um eine Gehaltserhöhung bitten, sich über die unfaire Behandlung von seiten eines Kollegen beschweren oder einen Vorschlag machen wollen, der die Arbeitseffizienz verbessern könnte. Ein Kunde will sich über mangelhafte Ware oder schlechten Service beschweren – und sogar wenn Kunden *wissen*, daß sie im Recht sind, haben sie häufig Hemmungen oder es ist ihnen peinlich, ihr Anliegen vorzubringen.

Diese Situation kommt in allen Lebensbereichen vor, nicht nur im Berufsleben. Es gibt immer wieder Situationen, in denen Ihnen klar ist, daß etwas gesagt werden muß, obwohl Sie nicht genau wissen, *wie* Sie es sagen sollen. Vielleicht möchten Sie die Person, mit der Sie sprechen müssen, nicht verletzen oder in Verlegenheit bringen; vielleicht möchten Sie keine Aggression bei dem Betreffenden heraufbeschwören; vielleicht sind Sie auch von Natur aus ziemlich ängstlich und sind sich nicht sicher, wie Sie Ihren Standpunkt vortragen sollen. In all diesen Fällen läßt sich die gleiche Technik anwenden:

1. Setzen Sie sich ruhig hin, und überlegen Sie, wie Sie am besten an die Sache herangehen könnten, auch wenn Sie im Moment das Gefühl haben, daß Sie nicht in der Lage sind, Ihr Vorhaben tatsächlich auszuführen. Falls Sie die persönlichen Eigenarten desjenigen, mit dem Sie sprechen müssen, bereits kennen, was glauben Sie, wie er oder sie auf das reagieren wird, was sie vorbringen wollen?

2. Nachdem Sie mit Ihrem Bewußtsein entschieden haben, was die ideale Vorgehensweise wäre, ist es nun an der Zeit, Ihr Unbewußtes zur Hilfe zu nehmen. Versetzen Sie sich in einen entspannten Zustand, und visualisieren Sie dann die Situation genauso, wie Sie möchten, daß sie verlaufen sollte. Sie haben nun das Drehbuch und müssen nur noch den Hauptdarsteller instruieren – sich selbst! Stellen Sie sich vor, wie Sie das, was Sie sagen wollen, genau auf die

richtige Art sagen, wobei Sie ruhig bleiben und trotzdem entschlossen für Ihr Anliegen eintreten. Visualisieren Sie anschließend die Reaktion, die Sie sich von Ihrem Gegenüber erhoffen. Wiederholen Sie diese »Probe« mehrmals in Ihrer Vorstellung, bevor Sie schließlich »die Aufnahme schießen«. Sie werden festellen, daß Ihre »darstellerische Leistung« erheblich besser geworden ist.

Auch wenn das, was Ihnen in Ihrem eigenen Leben als problematisch erscheint, nicht unter den Beispielen in diesem Kapitel auftaucht, bin ich mir sicher, daß Sie nun begreifen, wie die Sache funktioniert, und daß Sie in der Lage sind, die Methode auf Ihre eigene Situation zu übertragen. Denken Sie immer daran, daß die Kombination der Fähigkeiten des Regisseurs und des Schauspielers eine perfekte »darstellerische Leistung« ermöglicht. Da Sie beides in einer Person sind, können Sie gar nichts falsch machen!

ERINNERN

Wie oft haben Sie schon über Ihr schlechtes Gedächtnis geklagt – entweder darüber, das es nie besonders gut war, oder darüber, daß es mit zunehmendem Alter schlechter wird? Bis vor einiger Zeit glaubte man, das Gedächtnis würde mit fortschreitendem Alter zwangsläufig schlechter, aber das nicht der Fall. Bei bestimmten Krankheiten werden viele Gehirnzellen zerstört, was natürlich einen gewissen Grad an Verwirrung und Gedächtnisverlust mit sich bringt. Doch wenn Sie nicht das Unglück haben, an solch einer Krankheit zu leiden, besteht nicht der geringste Grund, warum Ihr Gedächtnis im Alter von siebzig schlechter sein sollte als im Alter von zwanzig Jahren.

Können Sie sich an Ihre Adresse, Ihr Geburtsdatum und die Namen Ihrer Kinder erinnern? Das können Sie? Das habe ich auch nicht anders erwartet. Wenn Sie sich einmal fragen, warum Sie sich an diese Dinge erinnern, dann wird Ihnen sofort klar, daß es sich um Fakten handelt, die besonders wichtig für Sie sind. Wir alle hören soviel und werden im Laufe unseres Lebens mit einer so riesigen Menge an Informationen bombardiert, daß unser mentales Speichersystem alles, was unwichtig zu sein scheint, in die verstaubten Karteikästen befördert, die irgendwo ganz weit hinten auf dem Dachboden aufbewahrt werden, wohingegen Dinge, die wir wahrscheinlich häufiger brauchen, ständig griffbereit bleiben.

Es ist also nicht Ihr Gedächtnis, das der Verbesserung bedarf, sondern die Beobachtung, die Konzentration und das Erinnerungsvermögen. Unsere Fähigkeit, uns an gespeicherte Informationen zu erinnern, wird durch Nutzung besser. Das ist der Grund, weshalb es oft leichter ist, sich an die Telefonnummer eines Freundes zu erinnern als an die eigene. Es ist ganz einfach wahrscheinlicher, daß Sie jemand anderen anrufen. Doch wenn Sie es sich angewöhnt haben, sich am Telefon mit Ihrer Telefonnummer zu melden, haben Sie vermutlich keine Schwierigkeiten, sich daran zu erinnern, einfach, weil Sie sie so häufig benutzen.

Nehmen wir einmal an, ein junger Mann ist zu einer Party im Haus eines Freundes eingeladen. Beim Betreten des Raums, in dem die Party stattfindet, stellt er fest, daß er außer dem Gastgeber niemanden kennt. Alle anderen Anwesenden sind für ihn Fremde. Der Gastgeber führt den jungen Mann nun von Gruppe zu Gruppe und stellt ihn allen Anwesenden vor. Wahrscheinlich kann sich der Gast schon wenige Minuten später nur noch an einige wenige von all den neuen Namen erinnern. Wenn er dann jedoch im Laufe des Abends mit einer jungen Frau bekannt gemacht wird, die er äußerst attraktiv findet, wird er sich mit Sicherheit an ihren Namen erinnern. Warum? Weil er sich vom ersten Augenblick an in diese junge Frau »verguckt« hat.

Für jeden von uns ist es von Nutzen, sich auf die eigene Fähigkeit, sich an Namen, Termine und spezifische Informationen zu erinnern, verlassen zu können, doch in bestimmten Situationen ist diese Fähigkeit besonders wichtig. Studenten, die sich auf Prüfungen vorbereiten, Geschäftsleute, die sich an die Namen von Kontaktpersonen erinnern müssen, diejenigen, die Präsentationen durchführen oder Reden halten müssen – sie alle brauchen ein absolut zuverlässiges Erinnerungsvermögen. Und sie alle können mit ein wenig Übung durch Visualisationstechniken ihr Erinnerungsvermögen so weit verbessern, daß es sie niemals mehr im Stich lassen wird.

Prüfungsvorbereitung

Wörter wie »Examen« oder »Prüfung« flößen vielen Menschen Angst und Schrecken ein. Diese Emotionen können das Lernen und die Aufnahme des Gelesenen schwierig, wenn nicht gar unmöglich machen. Visualisation kann auf unterschiedliche Weise das Lern- und Erinnerungsvermögen verbessern und außerdem dazu beitragen, daß wir bei Prüfungen die Ruhe bewahren und nicht in Panik geraten.

Menschen sprechen sehr unterschiedlich auf verschiedene Lernmethoden an, und es ist wichtig herauszufinden, zu welcher der verschiedenen Gruppen Sie gehören. Fällt es Ihnen leichter, Information aufzunehmen, die Sie lesen, oder reagieren Sie besser auf das gesprochene Wort? Vielleicht brauchen Sie auch bildliche Darstellungen zusätzlich zu den reinen Fakten. Probieren Sie verschiedene Methoden des Lernens aus!

Das geschriebene Wort

Menschen, die gerne lesen und meinen, dies sei für sie die beste Methode, Informationen aufzunehmen, können sich in Streßsituation – beispielsweise wenn ein Test oder eine Prüfung bevorsteht – nicht immer völlig auf ihre Methode verlassen. Es kann durchaus passieren, daß Sie mehrere Seiten eines Lehrbuches lesen, ohne auch nur ein einziges Wort auslassen, und am Ende feststellen, daß Sie von der Bedeutung des soeben Gelesenen rein gar nichts verstanden haben. Wenn es wichtig für Sie ist, Informationen aus dem, was Sie lesen, aufzunehmen, sollten Sie sich zunächst in einen entspannten Zustand versetzen. Entspannen Sie sich also, bevor Sie das Buch auch nur aufschlagen. Ich kann Ihnen versichern, daß die zehn Minuten, die Sie damit verbringen, Ihnen ein Vielfaches an Zeit ersparen, nämlich die Zeit, die Sie ansonsten vielleicht damit verbringen müßten, Seite für Seite zweimal zu lesen.

In den meisten Lehrbüchern sind die wichtigen Fakten in einem Wust von Wörtern verborgen, deren einziger Zweck ist, jene Fakten in Form hübscher Sätze darzustellen. Sie müssen lernen, die wichtigen Fakten von der Flut der Wörter zu unterscheiden. Stellen Sie sich einmal für einen Moment eine Seite aus einem Geschichtsbuch vor. Der Autor »verpackt« die wichtigen Informationen in einer eingängigen Erzählung. Deshalb enthält eine Seite eines Geschichtsbuchs häufig nicht mehr als ein halbes Dutzend Fakten, die Sie wissen müssen, um die ganze Geschichte in einem Aufsatz oder in einer schriftlichen Prüfungsarbeit rekonstruieren zu können. Vielleicht sind es ein paar Namen, ein Datum und zwei oder drei geschichtliche Ereignisse. Unterstreichen Sie diese Fakten oder, wenn Sie nichts ins Buch schreiben wollen, schreiben Sie sie einfach auf ein Blatt Papier. Schließen Sie nun die Augen, entspannen Sie sich, und visualisieren Sie, daß jene Fakten mit einem Stück Kreide auf eine riesige Tafel in Ihrem Kopf geschrieben werden. Lassen Sie die Wörter Buchstaben um Buchstaben auftauchen, bis der Name oder der Satz klar vor Ihnen erscheint.

Wiederholen Sie dies nach jeder Seite, die Sie gelesen haben, oder nach jedem Abschnitt oder Unterkapitel. Am besten ist es, jeweils nicht mehr als sechs Schlüsselfakten zu visualisieren. Anschließend wiederholen Sie alle Fakten, die Sie im Lauf der Sitzung bereits auf der imaginären Tafel gesehen haben.

Das gesprochene Wort

Vielleicht gehören Sie zu denjenigen, denen es schwer fällt, Informationen durch Lesen aufzunehmen, und reagieren besser auf das gesprochene Wort. In diesem Fall können Sie jene Schlüsselfakten auf eine Tonkassette aufnehmen, statt sie auf ein Blatt Papier zu schreiben. Spielen Sie, nachdem Sie sich entspannt haben, einfach die Kassette ab, wobei Sie allerdings darauf achten müssen, daß Sie wirklich *zuhören* und verstehen, was gesagt wird.

Die bildliche Vorstellung

Vielleicht fällt es Ihnen aber auch leichter, Bilder aufzunehmen und sich daran zu erinnern, als sich etwas Geschriebenes oder Gesprochenes zu merken. In diesem Fall müssen Sie die Schlüsselfakten, die Sie aus dem Text herausgefiltert haben, in Ihrem Geist in Bilder übersetzen.

Angenommen, Sie müssen aus Ihrem Geschichtsbuch etwas über Christoph Columbus lernen. Schließen Sie die Augen und stellen Sie sich vor, wie er ausgesehen haben mag. Es spielt keine Rolle, ob das geistige Bild irgendwelche Ähnlichkeit mit dem realen Aussehen von Christoph Columbus hat; wichtig ist einzig und allein, daß Sie sich ein Bild von einem Mann vorstellen, der *für Sie* Columbus ist. Sie können das Bild sogar ein wenig lächerlich gestalten, indem Sie der visualisierten Figur ein riesiges Medaillon um den Hals hängen, auf dem die Initialen *C. C.* eingraviert sind. Je amüsanter das Bild ist, desto leichter werden Sie sich daran erinnern.

Lernen Sie nun nicht einfach die Tatsache auswendig, daß es drei große Schiffe gab, die zusammen segelten, sondern schließen Sie die Augen und *sehen* Sie diese Schiffe. Auch hier wieder gilt: Wenn nicht von Ihnen erwartet wird, daß Sie sie naturgetreu beschreiben sollen, spielt es keine Rolle, ob das Aussehen der innerlich vorgestellten Schiffe den historischen Tatsachen entspricht; entscheidend ist, daß Sie die Namen vor sich sehen, die auf den Schiffsrumpf gemalt oder darin eingraviert sind – *Pinta*, *Niña* und *Santa Maria*.

Einem Reim, der in englischen Schulen häufig von Lehrern und Schülern zitiert wird, ist es zu verdanken, daß viele Engländer das wichtigste Datum in bezug auf Christoph Columbus wissen:

In fourteen hundred and ninety two
Columbus sailed the ocean blue.

Nehmen wir jedoch an, Sie hätten diesen kleinen Reim nie gehört und müßten sich trotzdem dieses Datum merken. Gestalten Sie auch in diesem Fall die bildliche Erinnerungshilfe ein wenig phantastisch. Vielleicht hing auf einem der Schiffe ein riesiger Kalender an einem Mast; vielleicht hat Columbus eine Armbanduhr an, auf der das Datum zu sehen ist. (Natürlich *weiß* ich, daß er keine Armbanduhr hätte haben können, weder mit noch ohne Datum, aber wie gesagt dürfen die Bilder etwas ins Lächerliche gehen.) Wenn Sie mit dieser Methode arbeiten, werden Sie mit hoher Wahrscheinlichkeit keine wichtigen Fakten vergessen, weder während noch nach einer Prüfung.

Prüfungsnervosität

Weitaus mehr Menschen bestehen Prüfungen nicht, weil sie nervös sind, nicht aus einem Mangel an Wissen. Gegen diese Nervosität können Sie sich mit Hilfe von Visualisation sehr gut wappnen. Visualisieren Sie den Prüfungsraum, und stellen Sie sich vor, Sie seien ruhig und entspannt. Sie nehmen das Blatt mit den Prüfungsfragen, halten einen Augenblick inne, lesen die Fragen langsam und ruhig, nehmen schließlich den Stift zur Hand und fangen an zu schreiben. Wenn Sie diese Visualisation mindestens drei oder vier Wochen vor dem Prüfungstermin üben, wird Ihr Geist mit der Prüfungssituation Gefühle der Ruhe und Gelassenheit assoziieren.

Erinnerung an Namen

Uns allen werden häufig Fremde namentlich vorgestellt, doch weil wir dem Betreffenden gewöhnlich mit hoher Wahrscheinlichkeit nicht mehr begegnen werden, bleiben uns solche Namen meist nicht im Gedächtnis haften. Manchmal jedoch es ist wichtig, sich an Namen zu erinnern und sie mit dem richtigen Gesicht in Verbindung zu bringen. Das gilt insbesondere für den geschäftlichen Bereich, wo zukünftige Handelsabschlüsse, Kontakte und Profite von dem Eindruck abhängen können, den Sie auf Ihr Gegenüber machen. Da die meisten Menschen sehr überzeugt von ihrer eigenen Wichtigkeit sind, hinterlassen Sie sicherlich keinen besonders günstigen Eindruck, wenn Sie sich nicht an den Namen eines Geschäftspartners erinnern können.

Sie werden sich wesentlich besser an Namen erinnern, wenn Sie Ihren Sinn fürs Komische und Lächerliche zum Zuge kommen lassen. Wenn man Ihnen einen Namen nennt, dann stellen Sie sich ein Bild vor, das Sie fortan mit diesem Namen assoziieren – je lächerlicher es ist, desto besser. Es folgen ein paar Beispiele; ich bin mir allerdings sicher, daß Ihnen selbst noch viele andere einfallen werden.

Marian – Ganz gleich, wie alt die betreffende Dame ist und in welcher Situation sie sich befindet, stellen Sie sich vor, sie hätte ihr Hochzeitskleid an und trüge einen riesigen Brautstrauß. (Die Gedächtnisbrücke zu Marian ist hier das englische Wort »marrying« – heiraten.)

Henry – Erzählen Sie dem armen Kern auf keinen Fall, wie Sie ihn im Geiste sehen: daß er seinen Kopf und seinen Körper auf den Beinen einer Henne balancieren muß (oder daß er gar gerade ein Ei legt!).

Rosemarie – Stellen Sie sich vor, daß diese Dame im Herzen einer riesigen Rose liegt und schläft.

Adrian – Ein Mann in mittelalterlicher Kriegerrüstung, der auf den Zinnen seiner Festung einherschreitet (Hadrian natürlich).

Um sich an diese Technik zu gewöhnen, können Sie auch ein paar angenehme Augenblicke damit verbringen, Bilder zu kreieren, die die Namen ihrer Freunde und der anderen Mitglieder Ihrer Familie illustrieren – aber vielleicht sollten Sie den Betreffenden besser nicht erzählen, was Sie tun, besonders, wenn einige der Bilder *wirklich* lächerlich sind.

Nun werden Sie vielleicht sagen: »Das ist alles schön und gut, aber was soll ich mit den Familiennamen machen? Da wird die Sache doch wesentlich schwieriger.« – Keineswegs. Viele Familiennamen sind ohnehin Wörter der Alltagssprache (wie *Stahl* und *Braun*), doch wir wollen uns hier mit ein paar Beispielen befassen, für die das nicht gilt.

Garwood – Ein Mensch, der in einem Auto (engl.: *car*) aus Holz (engl.: *wood*) sitzt, das durch riesige Nägel zusammengehalten wird.

Hatfield – Ein Mann oder eine Frau, der oder die auf einem Feld (engl.: *field*) tanzt und dabei einen sehr großen, etwas extravaganten Hut (engl.: *hat*) trägt.

Daniels – Stellen Sie sich den betreffenden in einem Käfig zusammen mit einem wild dreinschauenden Löwen vor.

Hemmingway – Entlang einer Straße steht eine lange Reihe von Menschen, die alle exakt genauso aussehen wie die Person, an deren Namen Sie sich erinnern sollen, und jeder von ihnen näht den Saum (engl.: *hem*) eines Kleidungsstücks.

Reden halten

Angenommen, Sie sollen eine Rede oder einen Vortrag halten. Sie wollen das, was Sie zu sagen haben, nicht nur ablesen. Wie können Sie sicher sein, daß Sie sich an alles erinnern werden, was Sie sagen wollen?

Zunächst einmal wollen wir annehmen, daß Sie über Kenntnisse auf dem betreffenden Gebiet verfügen – sonst hätte man Sie wohl kaum gebeten, darüber zu sprechen. Selbst wenn Sie das, was Sie zu sagen haben, nicht vom Papier ablesen wollen, ist es sinnvoll, es vollständig aufzuschreiben. Dies gibt ihnen einen ungefähren Eindruck davon, wie lange Sie sich bei jedem Punkt Ihrer Darstellung aufhalten können, und es hilft Ihnen, Ihre Gedanken zu ordnen. Nachdem Sie alles aufgeschrieben haben, können Sie es auf die gleiche Weise durchgehen, wie ein Student die Seiten eines Lehrbuchs durcharbeitet, und aus den Punkten, die Sie für wichtig halten, eine Liste aufstellen.

Diese Liste müssen Sie auswendig lernen, und dazu kann man verschiedene Methoden anwenden. Sie können die im Abschnitt über das Studium beschriebenen Methoden anwenden, oder Sie können das Hilfswörter-System benutzen, das am Ende dieses Kapitels erläutert wird.

Wenn Sie mit Ihrer Liste völlig vertraut sind, entspannen Sie sich und stellen sich dann vor, wie Sie den Vortrag vor einem Publikum halten. Sie brauchen sich zwar nicht vorzustellen, wie Sie jedes einzelne Wort sprechen, aber Sie sollten keinen Punkt Ihrer Liste auslassen. Durch Verbindung dieser Imaginationsübung mit einer Entspannungsübung wird sich Ihr Unbewußtes damit vertraut machen, daß Sie einen Vortrag halten, sich an die Liste erinnern und bei all dem ruhig und gelassen bleiben. Ihr Selbstvertrauen wird mit jedem Üben wachsen, und wenn Sie den Vortrag schließlich in der Realität halten, werden Sie sich an die Punkte erinnern, über die Sie sprechen wollen, und sie ausführlich behandeln, ohne jenes Gefühl der Panik zu haben, das viele empfinden, wenn sie in der Öffentlichkeit sprechen müssen.

Das Hilfswörter-System

Jeder Mensch muß sich von Zeit zu Zeit an eine Liste von Dingen erinnern. Gewöhnlich stehen diese Dinge in irgendeiner Beziehung zueinander – zum Beispiel was Sie für den Urlaub in den Koffer packen sollen, die Zutaten für einen Kuchen oder welche Zwiebelgewächse Sie in Ihrem Garten anpflanzen wollen. Es gibt eine einfache Methode, sich an solch eine Liste zu erinnern, die auch bei einem Sammelsurium von Dingen funktioniert, die nichts miteinander zu tun haben. Wenn Sie die Erklärung gelesen haben, können Sie es gleich einmal ausprobieren und werden dann feststellen, wie einfach die Sache ist.

Ihre persönliche Hilfswörterliste
Für diese Übung gehe ich von der Annahme aus, daß Ihre Liste aus zehn Dingen besteht. Das gleiche System kann man bei jeder beliebigen Anzahl von Objekten anwenden. Schreiben Sie die Zahlen von eins bis zehn auf und neben jede Zahl ein einfaches Substantiv, das sich auf die Zahl reimt. Die folgende Liste enthält die Wörter, die ich persönlich benutze. Deshalb bezieht sie sich auf englische Zahlen. Natürlich wird Ihre Liste völlig anders aussehen.

One – bun (Brötchen)
Two – shoe (Schuh)
Three – tree (Baum)
Four – door (Tür)
Five – hive (Bienenstock)
Six – sticks (Stöcke)

Seven – heaven (Himmel)
Eight – gate (Tor)
Nine – line (Linie)
Ten – hen (Henne)

Diese Wörter verändern sich nie. Ganz gleich, an wieviele
Listen ich mich erinnern muß, meine Hilfswörter bleiben
immer die gleichen. Deshalb ist es so wichtig, daß Sie
wirklich Ihre eigene Liste von Hilfswörtern zusammen-
stellen. Wenn Sie versuchen, eine zu benutzen, die Ihnen
nicht völlig vertraut und natürlich erscheint, machen Sie
die Sache nur komplizierter.

Die Liste
Ich bat fünf Personen, völlig zufällig und spontan jeweils
zwei Objekte zu nennen. Dies sind die zehn Objekte, die
meine Liste enthält:

Tisch
Ente
Regenschirm
Uhr
Elefant
Fernsehgerät
Christmas-Pudding
Fenster
Haus
Himbeergelee

Die Verbindung
Nun wird jeder dieser Gegenstände mit einem der Hilfswörter verbunden. Das Ziel ist, ein möglichst lächerliches
visuelles Bild zu kreieren. Der erste Gegenstand ist ein
Tisch. *One = bun (süßes Brötchen)*. Nun ist es nicht besonders lächerlich, ein Brötchen auf einen Tisch zu legen –

aber den Tisch statt einer Kirsche auf das süße Brötchen zu legen...

Fahren Sie so fort, bis Sie alle Gegenstände den Hilfswörtern zugeordnet haben. Die folgenden Bilder sind meiner Phantasie entsprungen – vielleicht wären Sie auf etwas völlig anderes gekommen:

One (bun = süßes Brötchen) – Tisch
Ein klebriges süßes Brötchen mit einem Tisch darauf, anstatt einer Kirsche.

Two (shoe = Schuh) – Ente
Eine Ente benutzt einen Schuh als Ruderboot, wobei sie das Ruder im Schnabel hält.

Three (tree = Baum) – Regenschirm
Ein Obstbaum, an dem statt Äpfeln oder Birnen Regenschirme wachsen.

Four (door = Tür) – Uhr
Eine Tür, die ein riesiges rechteckiges Zifferblatt ist.

Five (hive = Bienenstock) – Elefant
Eine Herde gelb und schwarz gestreifter Elefanten versucht, sich in den winzigen Eingang eines Bienenstocks zu zwängen.

Six (sticks = Stöcke) – Fernsehgerät
Ein Fernsehgerät mit Antenne balanciert wackelig auf einem riesigen Haufen von Zweigen oder Stöcken.

Seven (Heaven = Himmel) – Christmas-Pudding
Ein Christmas-Pudding mit großen weißen Flügeln fliegt zum Himmel.

Eight (gate = Tor) – Fenster
Ein Raum in einem Haus, in dem jedes Fenster wie ein Tor mit fünf Gitterstäben aussieht.

Nine (line = Linie) – Haus
Ein Blatt Papier mit einer Randlinie an der linken Seite – aber diese Linie besteht aus Dutzenden von winzigen Zeichnungen von Häusern.

Ten (hen = Henne) – Himbeergelee
Eine fette und zufriedene Henne blickt ziemlich selbstgefällig drein, nachdem sie soeben ein Ei aus Himbeergelee gelegt hat.

Das Erinnern

Wenn Sie in der Lage sind, die zehn Bilder zu visualisieren, werden Sie feststellen, daß es Ihnen leichter fällt, sich entweder in der obigen Reihenfolge oder in einer Zufallsfolge an sie zu erinnern. Sie brauchen nur innerlich »one – bun« zu sagen, und sofort werden Sie das Brötchen mit dem Tisch statt der Kirsche darauf vor sich sehen. Wenn jemand beispielsweise die Zahl Acht nennt, werden Sie, weil Sie so vertraut mit Ihren eigenen Hilfswörtern sind, ein Tor vor sich sehen und dann einen Raum, in dem alle Fenster Tore sind – das Wort, das Sie suchen, ist also Fenster.

Denken Sie daran, daß Sie unbedingt Ihre eigenen Hilfswörter und Ihre eigenen Bilder finden müssen, damit das System optimal funktioniert. Ich habe meine Liste von Hilfswörtern wirklich nur zur Illustration aufgeführt. Nun versuchen Sie es einmal selbst.

Ob Sie's glauben oder nicht

Bisher haben wir uns mit den vielen verschiedenen Möglichkeiten beschäftigt, wie Sie mit Hilfe positiver Visualisation Aspekte Ihrer Persönlichkeit und Ihres Verhaltens verbessern können. Bis jetzt waren Sie der Star all dieser Filme, die Sie geschrieben und bei denen Sie Regie geführt haben. Aber wie steht es mit jenem anderen Genre – den Dokumentarfilmen, in denen Sie selbst nicht mitspielen (oder, falls Sie mitwirken, dann nur auf indirekte Weise)? Ob Sie es glauben oder nicht, auch in diesem Bereich kann die Macht Ihres Geistes und Ihrer Imagination Wunder wirken.

Es ist eine Tatsache, daß Sie durch Anwendung positiver Visualisation viele Dinge erreichen können, an denen Ihnen wirklich etwas liegt. Dies ist keine neue Erkenntnis, sondern seit vielen Jahrhunderten bekannt. Schon die Griechen des klassischen Altertums kannten diesen Zusammenhang; wenn eine Frau schwanger war, umgaben sie sie mit schönen Gegenständen – mit Statuen, Reliefs, Ornamenten usw. –, so daß sie, wenn sie wach war, nur wunderschöne Dinge sah. Man glaubte, dadurch würde sie auch im Schlaf nur an schöne Dinge denken, und ihr Unbewußtes werde auf diese Weise so sehr mit Schönheit und Vollkommenheit erfüllt, daß das Kind, mit dem sie schwanger war, ebenfalls vollkommen werden müsse.

Wenn Sie die Macht Ihres Geistes dazu benutzen wollen, um Ihre Vorstellungen und Ziele zu verwirklichen, sind drei wichtige Punkte zu beachten:

1. Sie müssen das Gewünschte regelmäßig visualisieren.
2. Sie müssen daran glauben, daß das, was Sie sich vorstellen, tatsächlich eintreten wird.
3. Sie müssen das Endergebnis visualisieren, nicht nur die Mittel, mit deren Hilfe Sie Ihr Ziel erreichen können.

Mit anderen Worten: Wenn Sie einen bestimmten Gegenstand haben wollen, müssen Sie sich vorstellen, daß er sich bereits in Ihrem Besitz befindet, nicht, daß Sie ihn von jemand anderem bekommen oder daß Ihnen jemand genügend Geld gibt, so daß Sie ihn kaufen können.

Der weiße Teppich

Miriam lebte allein in einer Wohnung im Nordwesten von London. Sie war seit ungefähr zehn Jahren Witwe, und ihre Tochter war vor kurzem ausgezogen, weil sie ein Studium an der Universität Southhamptom begonnen hatte. Miriam hatte ihr Leben lang in einem Büro gearbeitet und verdiente soviel, daß sie zwar ihr Auskommen hatte, aber auch nicht gerade in Geld schwamm. Kürzlich hatte sie ihre Wohnung renoviert, und sie hätte liebend gerne zur Krönung des Ganzen einen weißen Teppich verlegt – nicht einfach irgendeinen alten weißen Teppich, sondern einen mit einer luxuriösen dicken Behaarung. Eigentlich hatte sie sich schon immer solch einen Teppich gewünscht, aber so lange ihre Tochter bei ihr gelebt hatte, war es nicht ratsam erschienen, sich einen solchen Teppich anzuschaffen. Die Art von Teppich, die sie sich wünschte, war aber so teuer, daß es ihr Budget für einen neuen Bodenbelag bei weitem überstieg.

Miriam glaubte fest an die Macht der positiven Visualisation, und sie hatte sie schon oft in ihrem Leben angewandt. Sie wollte diese Methode nun anwenden, um den Teppich zu bekommen, den sie sich so sehr wünschte.

Jeden Abend, wenn sie sich ins Bett legte, schloß sie die Augen und stellte sich vor, daß alle Räume ihrer kleinen Wohnung mit einem wunderschönen dicken luxuriösen weißen Teppich ausgelegt seien. Sie beschäftigte sich nie damit, wie sie diesen Teppich wohl bekommen könnte. Sie visualisierte auch nicht, sie habe genügend Geld, um sich den Teppich zu *kaufen*, denn ihr gesunder Menschenverstand sagte ihr, selbst wenn auf wunderbare Weise Geld auftauchen sollte, würde sie es wahrscheinlich für unvertretbar halten, es für etwas so Extravagantes wie einen weißen Teppich auszugeben.

Eines Tages, als Miriam im Büro war, erzählte ihr unmittelbarer Vorgesetzter, der soeben zum zweitenmal geheiratet hatte, er ziehe mit seiner neuen Frau in ein großes Haus in einen Außenbezirk. Fast nebenbei erwähnte er, das gesamte Erdgeschoß des Hauses sei mit einem weißen Teppich ausgelegt, und da er vier Kinder habe, müsse dieser Teppich entfernt werden. Miriam konnte kaum glauben, was sie da hörte, und als sie erwähnte, wie sehr sie sich genau so einen Teppich gewünscht hätte, sagte ihr Vorgesetzter, wenn sie ihn entfernen und abholen würde, könne sie ihn für eine geringe Summe bekommen.

Miriam nahm dieses Angebot sofort an und machte sich zusammen mit ihrem Bruder daran, den riesigen weißen Teppichboden abzuholen, ihn auf ihre Wohnung zuzuschneiden und ihn dort auszulegen. Ihr Traum war in Erfüllung gegangen, und sie war überglücklich. Ihre Visualisation war erfolgreich gewesen.

Einen Parkplatz für das Auto finden

Ganz gleich, wo Sie wohnen, einen Parkplatz für ein Auto zu finden, wird überall immer schwieriger. Doch mit Hilfe der Visualisation können Sie sicher sein, daß Sie einen

Parkplatz genau da finden werden, wo Sie ihn brauchen. Ich weiß, daß das etwas weit hergeholt klingt, aber probieren Sie es selbst einmal aus, dann werden Sie sehen, daß es stimmt.

Wenn Sie wissen, daß in dem Gebiet, in dem Sie parken wollen, Parkplätze praktisch immer nur unter großen Schwierigkeiten zu bekommen sind, beginnen Sie mit dem Visualisationsprozeß am besten schon, bevor Sie Ihr Haus verlassen. Nachdem Sie sich ins Auto gesetzt haben und noch bevor Sie den Motor starten, schließen Sie ein paar Augenblicke lang die Augen und visualisieren einen Parkplatz, der groß genug für Ihr Auto ist und sich genau da befindet, wo Sie ihn haben wollen. Natürlich ist es sinnlos, sich etwas Unmögliches vorzustellen – sicherlich werden keine Parkverbotzeichen auf wunderbare Weise verschwinden, nur damit Sie Ihr Fahrzeug irgendwo abstellen können. Doch wenn Sie sich einen Parkplatz da vorstellen, wo Sie ihn gerne hätten, – und vorausgesetzt, Sie glauben an das, was Sie visualisieren –, wird er Sie, wenn Sie um die Ecke biegen, an der gewünschten Stelle erwarten.

Diese Methode kann sogar funktionieren, wenn Sie die Visualisation vor Beginn der Fahrt vergessen. Ich wollte einmal eine Freundin besuchen, die in einer Straße wohnt, in der es immer schwierig ist, einen Parkplatz zu finden. Normalerweise pflegte ich »meinen« Parkplatz zu visualisieren, bevor ich mein Haus verließ, doch diesmal war ich so sehr mit anderen Dingen beschäftigt, daß ich es vergaß. Als ich gerade in die Straße einbog, in der das Haus meiner Freundin lag, fiel mir das Parkplatzproblem plötzlich ein. Ich ärgerte mich über mich selbst, daß ich es vergessen hatte, und fast ohne nachzudenken, sagte ich laut: »Heh, wo bleibt mein Parkplatz?« Genau in diesem Augenblick fuhr ein Wagen direkt gegenüber dem Haus meiner Freundin aus einer Parklücke, die für mein Fahrzeug gerade groß genug war.

Haus zu verkaufen

Als Trevor und Elaine ihr erstes Haus gekauft hatten, hatten sie geglaubt, sie würden dort mehrere Jahre bleiben. Zwei Jahre später jedoch mußte Trevor aus beruflichen Gründen in einen anderen Teil des Landes umziehen, ungefähr 160 km vom bisherigen Wohnort entfernt. Das Paar mußte also umziehen.

Die Situation auf dem Immobilienmarkt war jedoch zu jenem Zeitpunkt für einen Verkauf ziemlich ungünstig. Zwar war das Haus recht hübsch und befand sich in einem guten Zustand, doch im selben Stadtteil wurden viele durchaus ähnliche Häuser zum Verkauf angeboten. Das Verkaufsschild des Immobilienmaklers wurde im Vorgarten aufgestellt, doch es meldeten sich einfach keine Interessenten, die das Haus wenigstens hätten anschauen wollen.

Ein Hausverkauf ist immer mit Streß verbunden, aber in diesem Fall wurde die Situation noch zusätzlich dadurch verschärft, daß Trevor und Elaine bis zum Verkauf gezwungen waren, einen großen Teil ihrer Zeit getrennt voneinander zu verbringen. Trevors neue Arbeit hatte bereits begonnen, und sie konnten ein neues Haus erst kaufen, nachdem sie ihr bisheriges verkauft hatten. Deshalb mußte Elaine am alten Wohnort bleiben und ihr Mann an seinem neuen Arbeitsort in einer Pension leben, so daß sie sich nur an den Wochenenden sahen. Elaine wurde immer deprimierter über die Situation, bis irgend jemand ihr von der Visualisation erzählte.

Jeden Abend vor dem Einschlafen legte Elaine sich hin und stellte sich die Verkaufstafel des Immobilienmaklers im Vorgarten vor. Darauf stand der Name der Maklerfirma und in riesigen Buchstaben das Wort »VERKAUFT«. Sie versuchte gar nicht sich vorzustellen, wer das Haus kaufen würde oder warum der Betreffende gerade ihr Haus unter all den vielen angebotenen wählen würde. Sie visualisierte einfach den Hinweis »VERKAUFT« – und glaubte, daß es schnell zum Verkauf kommen würde.

Nur vier Tage später schaute ein junges Paar sich das Haus an und entschloß sich, es zu kaufen, weil es genau den Vorstellungen der beiden entsprach. Das finanzielle Angebot war angemessen, und Elaine akzeptierte sofort!

Den Weg frei machen

Sind Sie jemals auf einer kurvenreichen Straße hinter einem schwankenden Lastwagen oder einem dahinschleichenden Traktor gefahren? Natürlich sind Sie das. Was können Sie in solch einem Fall tun? Alle Verwünschungen der Welt vermögen solche Fahrzeuge nicht dazu zu bringen, schneller zu fahren, und außerdem wäre es auch nicht gerade gesund für Ihren Blutdruck, sich in ausgiebigen Fluchtiraden zu ergehen.

Wenn Sie sich das nächste Mal in solch einer Situation befinden, sollten Sie einmal versuchen, intensiv zu visualisieren, daß jenes Fahrzeug auf eine andere Straße abbiegt oder an den Straßenrand fährt, um eine Tankstelle oder eine Raststätte aufzusuchen. (Schließen Sie aber bei dieser Visualisation nicht die Augen!) Wenn Sie das Vertrauen haben, daß dies geschehen wird, wird die Straße bald wieder frei sein, weil das langsame Fahrzeug nach irgendwohin abgebogen ist.

Ich wende diese Methode seit vielen Jahren erfolgreich an – deshalb möchte ich mich bei dieser Gelegenheit bei allen Fahrern von Lastwagen oder landwirtschaftlichen Fahrzeugen entschuldigen, die sich irgendwann einmal plötzlich dabei ertappt haben, daß sie einen anderen Weg einschlugen oder sich zu einer Tasse Tee niederließen, ohne zu begreifen, wie es dazu gekommen war!

Probieren Sie es selbst aus

Wahrscheinlich werden viele Leser beim Lesen dieses Kapitels denken, daß es unmöglich ist, Ereignisse auf die hier beschriebene Weise zu beeinflussen. Dazu kann ich nur sagen, daß alle angeführten Beispiele wirklich passiert sind (nur die Namen wurden verändert) und daß viele Menschen – darunter auch ich – selbst oft genug Erfahrungen gemacht haben, die die immensen Potentiale des menschlichen Geistes bestätigen, die man durch Visualisation nutzbar machen kann.

Es gibt nur eine Möglichkeit zu beweisen, ob etwas funktioniert oder nicht: Probieren Sie es selbst aus. Versuchen Sie, durch Visualisationstechniken Ereignisse in Ihrem Leben zu beeinflussen, aber denken Sie stets daran, daß Sie absolutes Vertrauen haben müssen, daß Sie Erfolg haben werden. Außerdem sollten Sie diese Technik niemals benutzen, um einem anderen Menschen zu schaden (ungeachtet meiner etwas frivolen Bemerkungen über den Umgang mit hinderlichen Lastwagen). Andernfalls wird dies auf irgendeine unerwartete Weise auf Sie selbst zurückfallen.

Nun machen Sie sich daran, es selbst auszuprobieren. Vielleicht finden Sie ja sogar irgendwelche neuen Methoden, um jenes mächtigste aller Werkzeuge, Ihre Imagination, zu nutzen.

ZUSAMMENFASSUNG

1. Werden Sie sich darüber klar, daß Sie die Kontrolle über Ihr Leben und über Ihre Zukunft übernehmen werden, so weit dies für einen Menschen möglich ist. Sie werden das Drehbuch schreiben, Regie führen und die Hauptrolle spielen.

2. Denken Sie daran, daß kein Mensch ohne Selbstvertrauen geboren wird. Wir alle sind durch andere Menschen und durch Ereignisse der Vergangenheit programmiert worden, und genauso wie es möglich ist, eine Tonkassette oder ein Videoband neu zu bespielen, können Sie auch sich selbst für die Zukunft neuprogrammieren.

3. Trainieren Sie Ihre Imagination. Beziehen Sie dabei außer dem Sehsinn auch andere Sinne ein. Stellen Sie sich vor, daß Sie hören, berühren, schmecken und das ganze Spektrum der Emotionen empfinden. Lernen Sie, die linke wie die rechte Gehirnhälfte gleichermaßen zu benutzen.

4. Lassen Sie Ihre Träume für sich arbeiten. Entwickeln Sie eine Technik, um sich an sie zu erinnern; machen Sie sich Notizen über ihren Inhalt; versuchen Sie, sie zu verstehen. »Impfen« Sie Ihr Unbewußtes mit einem Problem, bevor Sie sich zum Schlafen hinlegen, so daß Sie nach dem Aufwachen in die richtige Richtung geleitet werden.

5. Es ist absolut unverzichtbar, daß Sie eine Entspannungsmethode erlernen. Üben Sie diejenigen, die in diesem Buch beschrieben werden, jeweils mindestens eine Woche lang, so daß Sie entscheiden können, welche sich für Sie persönlich am besten eignet. Vielleicht können Sie eine der beschriebenen Techniken Ihren speziellen Bedürfnissen anpassen.

6. Machen Sie sich klar, was Sie tun oder werden wollen. Seien Sie dabei so genau wie möglich. Es ist besser, mehrere Probleme nacheinander anzugehen, als zu versuchen, sich gleich in einem Aufwasch als »vollkommenen« Menschen zu visualisieren. Hören Sie auf Ihr Unbewußtes.

7. Lernen Sie, mit jeder Negativität umzugehen, die auftauchen könnte, und sich mit allen möglicherweise auftretenden Problemen auseinanderzusetzen. Falls Ihnen dies anfangs schwerfallen sollte, hören Sie einfach nicht auf, es zu versuchen. Alles, was zu erreichen sich lohnt, ist auch der Mühe wert, daß man dafür arbeitet.

8. Glauben Sie an sich selbst und an die Kraft Ihres Geistes und Ihrer Imagination. Und fürchten Sie sich nie vor Veränderung.

9. Nutzen Sie die Visualisation, um ihre Gesundheit wiederherzustellen und ein Gefühl des Wohlbehagens aufrechtzuerhalten. Das bedeutet nicht, daß andere Formen der Behandlung – schulmedizinische oder alternative – nicht notwendig sind. Ganz gleich, für welche Behandlungsmethode Sie sich entscheiden, die Effektivität derselben kann immer durch positive Visualisation verbessert werden.

10. Legen Sie Tabellen an, um fortlaufende Aufzeichnungen darüber zu machen, wie Sie sich selbst sehen, wie Sie glauben, daß andere Sie sehen, und was andere Menschen darüber sagen, wie sie Sie sehen. Achten Sie darauf, welche Veränderungen und Verbesserungen sich einstellen, wenn Sie mit Hilfe der Visualisation Ihr Leben umgestalten. Schreiben Sie auch von Zeit zu Zeit auf, was Sie an sich selbst am liebsten mögen, was soweit okay ist und was Sie absolut nicht mögen. Was davon möchten Sie am dringendsten verändern? Üben Sie, drei Wünsche zu formulieren.

11. Benutzen Sie die Visualisation, um Beziehungen zu verbessern, Phobien zu überwinden, Ihre sportliche Lei-

stungsfähigkeit zu verbessern und Ihre Kreativität weiter-zuentwickeln – in welcher Form sie sich auch äußern mag.

12. Wenn Sie Kinder haben oder mit Kindern arbeiten, ermutigen Sie sie dazu, ihre imaginativen Kräfte zu entwickeln. Auch wenn Sie sie dazu anhalten müssen, ihre Lektionen zu lernen und ihre Schularbeiten zu erledigen, sollten Sie sie nie wegen »Tagträumen« kritisieren, da sich auf diese Weise die Imagination frei äußern kann.

13. Stärken Sie mit Hilfe autogener Übungen Ihr Gefühl, innerlich gesund zu sein. Dies ist besonders wichtig für Menschen, die in einer bestimmten Sportart besonders gute Leistungen erzielen möchten, doch ist es auch hilfreich für alle, die einfach ein inneres Gefühl des Wohlbehagens entwickeln wollen.

14. Positive Visualisation kann auch in der Welt des Berufs und des Geschäftslebens eine ungeheure Hilfe sein. Benutzen Sie Visualisation, um Ihre Zeit effektiver zu organisieren, um mit auftauchenden Problemen fertig zu werden, um Entscheidungen zu treffen und um Ihre Beziehung zu Ihren Mitarbeitern zu verbessern.

15. Ob Sie sich auf eine Prüfung vorbereiten, eine Rede oder einen Vortrag halten oder einfach Ihr alltägliches Erinnerungsvermögen verbessern wollen, Visualisation kann bei all dem eine große Hilfe sein, vorausgesetzt, Sie sind bereit, die beschriebenen Übungen auszuführen. Sie können üben, sich an die Namen von Menschen zu erinnern, die Sie kennenlernen, und auch an Listen von Gegenständen, solchen, zwischen denen ein Zusammenhang besteht, und auch völlig zufällig zusammengestellten.

16. Nutzen Sie die Kraft Ihres Geistes, um Situationen in Ihrer Umgebung zu beeinflussen – um Parkplätze zu finden, Häuser zu verkaufen usw.

17. Beginnen Sie jetzt! Warum sollten Sie noch warten? Legen Sie die Szene fest, lernen Sie den Dialog auswendig, legen Sie Schminke auf – Action!

Weiterführende Literatur

Birkinshaw, Elsye: *Denken Sie sich schlank!*; Ariston, Genf, München, 1990 (8. Auflage)

Blakeslee, Thomas R.: *Das rechte Gehirn*, Aurum, Braunschweig, 1991 (3. Aufl.)

Freitag, Erhard: *Kraftzentrale Unterbewußtsein*, Goldmann, München, 1991

Gackenbach, J. und Bosveld, J.: *Herrscher im Reich der Träume – Kreative Problemlösungen durch luzides Träumen*, Aurum, Braunschweig, 1991

Gawain, Shakti: *Stell dir vor – Kreativ visualisieren*, Sphinx, Basel, 1991 (5. Aufl.)

King, Serge: *Begegnung mit dem verborgenen Ich*, Aurum, Braunschweig, 1991

King, Serge: *Ihr Körper glaubt, was Sie ihm sagen*, Aurum, Braunschweig, 1992

Peale, Normal V.: *Die Kraft des positiven Denkens*, Oesch, Zürich, 1991

Peiffer, Vera: *Wie man optimistisch bleibt, wenn . . . – Strategien gegen Streß und Selbstmitleid*, Aurum, Braunschweig, 1992

Simonton, Carl und Stephanie / Creighton, J.: *Wieder gesund werden – Eine Anleitung zur Aktivierung der Selbstheilungskräfte für Krebspatienten und ihre Angehörigen*, Rowohlt, Reinbek, 1982